你想抵达的远方，现在就起航

玉凡瑶◎著

汕頭大學出版社

图书在版编目（CIP）数据

你想抵达的远方，现在就起航 / 玉凡瑶著 . -- 汕头：汕头大学出版社, 2019.3

ISBN 978-7-5658-3727-2

Ⅰ. ①你… Ⅱ. ①玉… Ⅲ. ①成功心理—通俗读物 Ⅳ. ①B848.4-49

中国版本图书馆 CIP 数据核字 (2019) 第 014239 号

你想抵达的远方，现在就起航
NIXIANG DIDA DE YUANFANG，XIANZAI JIU QIHANG

著　　者：玉凡瑶
责任编辑：宋倩倩
责任技编：黄东生
封面设计：末末美书
出版发行：汕头大学出版社
　　　　　广东省汕头市大学路243号汕头大学校园内　　邮政编码：515063
电　　话：0754-82904613
印　　刷：三河市宏顺兴印刷有限公司
开　　本：880mm × 1230mm　1/32
印　　张：6
字　　数：160千字
版　　次：2019年8月第2版
印　　次：2019年8月第2次印刷
定　　价：36.00元
ISBN 978-7-5658-3727-2

你想抵达的远方

现在就起航

序

因为喜欢，所以坚持

生活中一直存在着一个谎言：未来会更好。未来，在哪？而这个“更好”也不是天上掉下的馅饼，会砸在你头上。你需要努力，需要坚持，需要不停地向前走，翻山越岭，斩断荆棘，才能抵达“美好”的未来。那么，你有多大的机会得到这个美好的未来？

我们比谁都清楚，任何梦想，只有去做才有实现的机会；任何一条路，只有去走，才能看见最深处的风景。时不待人，失去的就是失去了，痛苦与快乐，没人会为你增减一分。因而，你若憧憬远方的美景，现在就得起航。

这个世界就是这么赤裸裸的，你想要得到的东西，或者美好的生活，需要你自己去争取，没人可以帮你得到。在经历过一场场人生风雨的洗礼之后，我们开始举步维艰，一直在努力寻找一种叫作安全感的东西，但内心的那份孤独与无助一直挥之不去。我们迷茫，徘徊，乃至惶惶不可终日，我们开始挣扎。

我们一直在鼓励自己：我的人生还是有选择余地的。事实上，我们除了努力与坚持，剩下的只能是进退维谷。没有比努力坚持这两个词语更适合我们了，也只有它们才能让我们后面的路好走些，迎来山清水秀，别样洞天的美景。

彼此的不辜负，这是上帝对你的馈赠，也是岁月给你的最好答案。

几年前，当我开始写励志文章的时候，发现自己特喜欢对读者说教，告诉别人应该如何，不应该如何。一副苦口婆心的样子，表现得自己有多么聪明，有多么睿智。实际上，我很多时候都在犹豫，为此错失了很多好的机遇，好的结果。

这个世界，你本没有那么多的关注度，那么多的观众，也没人会在乎你是怎么个想法，又是怎么个活法。事实上也只是因为你自己想要变得更好，你才这么死心塌地地往前走，坚持不懈地寻找内心的那份执着，这跟别人没有多大关系。所以我们要学会爱自己，即便生活再艰难，你也不要轻易地向困难妥协，不辜负自己这一生的好年华。

正视自己内心的声音，并为之努力，过上你想要的生活。这才是人生最好的姿态。

《你想要抵达的远方，现在就起航》只是一本书，一份温暖的陪伴。

认同的人会觉得值得一读，可以从中找到似曾相识的面孔，得以借鉴，得以让心成长。而我只想告诉大家，在这些小故事当中，总有一个故事中能找到你的影子，让你幡然醒悟，让你小有收获。

人生不可能是一帆风顺的，倘若哪日有人说，谁曾经栽了一个很大的跟头，或者犯了一个很大的错误，没关系，其实生活就是这样，没有谁会一路顺风顺水地走下去。但有一点你要明白，不管你曾经受了多大的伤，现在如何地落魄，你都不能放弃对梦想的追求。

人生之路，漫漫悠远，只要你心存美好，幸福永远在路上。只要开始行动，永远都不会太晚。

目录

第二章 你想抵达的远方，现在就起航

第三章 即使生活再艰难，也不轻易向困难妥协

第四章 时间终将证明你配得上更好的生活

第五章 不能改变这个世界但是可以改变自己

第一章

没有太晚的开始，只有不努力的现在

一个人，

如若有一颗孜孜不倦追求梦想的心，

即便是一条咸鱼，

也能成为过江猛龙。

因为有梦想就会有未来，

有梦想谁都了不起！

坚持奋斗，梦想才能如花般绽放

当世界在向你说“不”的时候，你要做的是相信自己，对自己坚定地说“是”，并用行动证明给世界看。

今天，在候机室，我为夏岚一家送行。

远远地，看着夏岚一家人幸福的背影。我突然想起比御曾说过的一句话，“当世界在向你说‘不’的时候，你要做的就是相信自己，对自己坚定地说‘是’，并用行动证明给世界看。”

1

在事务所，我一直是一个胖子的形象。常常会想到减肥，又难忍内心蠢蠢欲动的食欲，有时候会有想哭的感觉。但每次出差，选衣服仍是我最头疼的事情。每次逛街回来，我都会发表几句豪言壮语：我要减肥！我要减肥！只是说多了，丈夫也习惯了，但从不说什么。最多有一次，可能是耳朵实在无法忍受，起身去楼下散步去了。因为正常情况，吃完饭他都是去书房看他喜欢的书。

一个人若无法控制自己的体重，又怎能控制自己的人生。丈夫的行为，让我的心像被针刺了一样。那一刻，我开始决定疯狂减肥。

前几日，我去南京出差。正好去看望刚回国的夏岚。一见面，她那讶异的表情，跟看见稀有动物差不多。

“祝贺你，海子。”看着夏岚伸手比划着我曾经的腰部曲线，我放肆地笑了。

减肥只是我人生路上一个很小的成绩，但从这件小事中，我却感受到了坚持的力量。事实上，很多同事与朋友都不支持我减肥，因为工作的原因，我会到处跑，没有好的身体是不行的。大家异口同声地说“不”，但我却得到了一种动力。

支持与反对，都在证明这个世界很温暖，所以不用担心你会被这个世界所舍弃。他们说“不”，会让你成长得更快，如一株花般，快速长成最美的姿态。

我觉得，或胖或瘦，真正爱你的人是不会介意的。我拼命减肥，不是为了迎合一些人肤浅的审美。而是为了遇见更美好的自己，来匹配这段平实的爱情。而男人都喜欢看漂亮的女人，我不能让爱我的男人失望。

凡事比别人多一点点。这是夏岚知道我要减肥时候给我说的最经典的一句话。比如跑步，你比别人多跑一圈；比如跳绳，你比别人多跳几个。

每天多一点坚持，每天就多一点收获。

人生亦不过如此。

2

第一次遇见夏岚，是在 2009 年，那时我是一家律师事务所的律师，也是秋阁图书馆的义工。她是馆里的常客。

2012 年，我成了英瑞集团的法律顾问，夏岚是英瑞最基层的一名职员。有一次在公司楼道里偶遇，惊讶之余，才发觉我们已认识多年。从此以后，我们的关系变得复杂起来。

夏岚来自四川攀枝花市的一个偏远小镇。第一次相识时，她刚出校门不久。皮肤黝黑，睫毛很长。每天在图书馆卖命地学着英语，安静得像邻家小姑娘。而我偏爱读书，平时工作也会有涉外业务。所以每天下班我都会去图书馆做义工。整理书籍，打扫卫生，只要能看书，做什么我倒不介意。我的初衷很简单，英文好，在外资企业发展空间大，待遇高。

我注意到她，不是因为她的颜值高，而是因为她认真读书的模样真的很美。接触多了，我们知道大家都在啃英语。

我说："你好好学习英语，肯定会有很大的回报，工资能翻一倍。"

她说："我想带父母出去旅游一趟。"

夏岚说父母辛苦了一辈子，也该走出大山看一看了。对付旅游，我觉得只要会一些简单的日常用语就好，而她只是淡淡地一笑："在一个陌生的地方，语言不通，那是一件很痛苦的事情。"

有一次，她坐在我旁边埋头做着英语练习册。校对答案的时候，她有不懂的地方，便拿来问我。那是一个语法的问题，我费尽口舌跟她解释了半天。她有些似懂非懂，点着头将练习册拿了回去。

过了一会儿，她又拿着那篇文章来找我。一脸的羞涩，“海子姐，你能不能再帮我解释一下。”

我暗自佩服，如果是我，一定不好意思再问了。但夏岚就是这么执着，倔强得可爱。

闲谈中，看了看她的练习册。上面做着很多笔记，蓝色的是重点词汇，被红色勾画出的，应该是一些容易混淆词语的运用规律。写得密密麻麻，却又井井有条。

每晚都看见她用新的练习册做笔记，一遍遍不厌其烦。图书馆里，很多人喜欢用手机刷屏，刷微博，而夏岚从不做这些事情。

3

为什么要坚持梦想？因为它一定会实现。

究竟上了多少个培训班，拿下了多少个证书，她已经记不清，而她只知道，努力是为了过上自己想要的生活。不辜负自己，才能不辜负自己爱的亲人。

刚入职英瑞，她的岗位是档案管理员。每天面对一大堆冷漠而又枯燥的资料，甚至一整天连一个可以说说话的人都没有。看似简单的工作，却是烦琐的开始。档案材料的收集、归档、立卷与管理，档案的保管、鉴定，太多的工作等着她去干。或许也就是那个时候，她便萌生了学习英语的念想。最初只是为了更好地工作，坚持到最后，她竟然看见了梦想的轮廓。

但学习英语也不是一件简单的事情，完成正常工作以外，还要顶着外界的压力。

很多人都觉得她这想法很不现实，痴人说梦，好高骛远。太多流言蜚语，她感到精疲力竭，也曾打过退堂鼓，但一想到自己的梦想，她又重整旗鼓披挂上阵，勇往直前。

多一点努力，多一点坚持。只要多一点点，你一定能创造出奇迹。这是夏岚最喜欢说的话。这么拼，也只是希望在年轻的时候赌一把。成功与否不重要，因为努力过，也算对得起这匆匆忙忙的青春。

4

12 月 10 日，是公司纪念日。作为公司职员，她也被邀请参加活动。在这样的活动中，夏岚一直很安静。她不是个性格张扬的女孩。

此时，她端着高脚酒杯，站在阳台上。安静地看着黑幕里的闪烁星光，内心一片淡然，她相信只要努力，她的人生也会如这漫天的星光一样灿烂。

忽然，她听到远处有人在说话。

那是个高个外国人，他好像和服务生正对着一本书在讨论着什么。看着服务生拘谨的模样，她有些好奇。端着酒杯轻轻地走了过去，她不爱凑热闹，但女孩子的好奇心依然旺盛。

“What is the meaning of this cartoon? 漫……画，Do you understand?”高个男指着放在吧台边，供来往客人闲暇时观看的杂志里的一幅漫画，一脸的疑问，那双蓝眼睛极具魅力。

“This is……”服务生一脸的窘迫。

“This is a cartoon about nature conservation.”此时夏岚一脸的微笑，声音甜甜的可爱极了。

“thank you! 我的中文不是，很……好。”

“Glad to be of service!”

高个男非常感激，指着杂志又问了几个问题。

“The earth is old can not stand this.This is the earth,whiskers, 表示年岁大，还有……pack basket，重……”

“保护地球，爱护，爱护大自然。”

高个男结巴地说出了图画的立意，夏岚竖起了大拇指。很显然，这是一次很愉快的邂逅。高个男离开时，一脸感激。

回到会场时，舞曲已经结束。台上公司总裁萧亮正在发言，接着很多客户上台发表祝贺词。很意外地，夏岚在台上竟看见了刚才那位高个男。更意外的是，就是因为她的一次乐于助人，不久后，竟为公司促成了一次合作项目，还是个大项目。

原来高个男叫 Aaron，中文名亚伦，是台湾一家大企业的高级经理。这次是他第一次来中国大陆进行实地考察。在此之前，他与英瑞并没有业务来往。英瑞这次邀请他本是想促进两家的关系，做业务上的进一步来往。没有想到，夏岚的一个小小的帮助搞定了这一切。

我涨工资了！

不久我接到了夏岚的第一个喜讯。

我晋升职位成功了！

下个月，我和父母准备出去旅游，第一站新西兰。

……

离开前的那一晚，她抱着我说感谢我这么多年对她的照顾与帮助。

我笑着说她傻瓜。该感谢的人是你自己，感谢你自己这么多年的坚持与努力，为那个不曾放弃的自己。

相信后面的故事还有很多，而这只是一个开始。而我也相信，坚持奋斗，梦想定能如烟花般华丽绽放。

5

看着夏岚的风光，同事们更是啧啧称赞。可是谁会知道，在这些荣誉和成功背后，她又付出了多少汗水？

每天到宿舍的天台上放声朗读英语，在人群拥挤的地铁站，热闹喧哗的大街上，都能看见她戴着耳麦，疯狂地学着英语。那是一株努力生长的木槿花，一步步开成最美的姿态。

一分耕耘，一分收获。或许此刻你就会明白，很多事情，你若选择坚持，当你跨过去的时候，回头看看，也不过如此。而所有的故事只想告诉你：人生，只是你一个人的人生，没有人会对你负责。如何演绎这世事的繁衰和人间的苦乐，你说了算。是自由，是权限，更是一种考验。

如此拼命，只是不想辜负自己

简单一句不辜负，却给了她一段最好的旅程。但人生从来都不是一成不变的，也不可能是一帆风顺的。你只有乘风破浪，才能有完美的逆袭。

“坚持一件事，就是天天都将它放在心上，并做好它。这看起来是一件很简单的事，但若十年如一日地坚持，则是一件非常困难的事情。因为生活里有太多的理由让我们转移注意力，让我们懈怠。可以说，找到生命之中值得持续投入注意力的事，并进行坚持，就是一种修行。”

此时，上铺的苏珊突然刹住了“演讲”，歪头看着下铺的林颖，“兄弟，生活中，你有值得坚持的事吗？”

林颖摇摇头，又点点头。苏珊笑了。

“如果有，请坚持。如果没有，就赶紧找去。”

“遵命！”

林颖点点头，将手中的言情小说书盖在脸上，去见周公了。正如苏珊所言，来这世界走一遭，不折腾几下着实对不住自己。

1

多年前，林颖对学习不太感兴趣，对小说却是如数家珍。有时一看就是大半宿。上学那会，寝室过晚上九点就熄灯，而她就拿个手电筒在被窝里看，以至于第二天上课时总困得起不了床。

有个周末，林颖前晚看了半夜小说，醒来时早已日上三竿。她听到外面热闹得很，于是趴在窗台前眯着眼睛往外瞅，发现操场上有很多人。这才记起，学校今天有一场2000米的田径比赛。

远处，一个男生正站在领奖台上接受颁奖。满脸臭汗的他挥着鲜花的样子帅得不得了，台下掌声雷动。

“原来，站在高高的领奖台上，可以这么酷。”

那一刻，她好似被什么刺中了心脏。也是那一刻她开始决定晨跑。一个时间观念差，还时常逃课的人居然决定要晨跑。宿舍的几个丫头不相信，都问她是不是爱上了那个冠军得主。其实林颖自己也没底，甚者怀疑自己只是三分钟热度。

没想到，第一天晨跑开始，她就爱上了独自穿越操场的感觉。虽然很累，但伴着呼呼的风声，脚下那长长的跑道，一步一步让身体被剥离，风穿透了她的身体，好似融化了她一般，而她这一跑从此风雨无阻，再也没有停下来。遗憾的是她连续参加了几届学校的运动会，却一次都没有登上领奖台。每一次失败之后，大家都以为她不会再跑，但她却一直在坚持。

不久前的同学聚会上，大家听说林颖还在坚持晨跑，都惊讶不已。

有人问她："为了拿奖杯，你也太拼了吧？"

"我啊，就瞅着那奖杯了。"林颖笑着说，"事实上，即便得不到冠军，我也会选择继续跑下去，因为不想辜负对自己的承诺。"

坚持，这不管对身体，对人生都是一种有益的行为。事实上，尽管林颖一次都没能赢得长跑冠军，但却收获了很多。为了保证晨跑，她坚持每天早睡早起。每天晨跑之后，我们还在睡觉，为了不打扰大家的休息，她就提前去教室看书，渐渐地，她的学习成绩也上去了。

2

多年如一日的晨跑让林颖一直保持着傲人的身材，而她也将这种坚持付诸于工作中，并取得了很好的业绩。我们羡慕的同时，也被她的那份坚持所感动。可她只是笑笑，"我这么努力，只是不想辜负自己。"

简单一句不想辜负自己，却给了她一段最好的人生旅程。但人生从来都不是一成不变的，也不可能是一帆风顺的。你只有乘风破浪，才能有完美的逆袭。对于林颖来说，这种逆袭就是一段漫长的坚持，而她一直坚信，最美的风景总是藏在最深的绝望里。

曾有好长一段时间大家都没有她的消息，能够感觉到她还在我们身边的是她的公众号做得风生水起。但她从不刷屏，微博、微信朋友圈都不见人影，后来听同学说她去学写作了。那是一种寂寞而又孤独的日子。身为撰稿人的林颖，其实也是英瑞集团的人事部主管。她的变化让我刮目相看。

她非常喜欢 Front 杂志的风格，当然，这家公司开给作者的稿酬也很诱人。经过一段时间的认真研究，她决定专心为这家写稿，兴致满满。尝试着写了多篇，可每次投出去，却总是收到退稿信。

“您的文笔很好，只是稿子的风格不适合我们。”

“这篇文章的选题不错，可惜我们刚刊登过类似的文章，抱歉不能使用了。”

面对一次次退稿，林颖依然每天都写得很晚。身边的人劝她，人生有时候真的不需要太执着。太过执着，也是一种任性和自大。而工作烦躁的时候，她也会将稿纸扔得房间到处都是，也发誓过再也不写。可第二天晚上，仍能看见伏案工作的身影。

在她的记忆里，每一次执笔都是一个好的开始，就像每天晨练一样，迎着太阳，总能看见希望。这么多年，她就是这么固执，这么执着。林颖每天都会坚持写，哪怕是一句话，一段简短的文字，她都会用心写下来，她害怕时间会慢慢磨光了自己的自信。

那是她自认为最好的一段时光。可有一天，她趴在电脑桌前哭了。发誓再也不写了。因为前一晚为了交稿她熬到了凌晨两点，早晨没吃早饭就去公司了。公交的堵塞，晚点，状态不佳，种种匆忙让她的工作出现了一个细微的疏漏。尽管没有出现重大损失，但作为高层领导，犯这种低智商的错误。她很震惊，她开始重新审视自己。为了那份漫无边际的坚持，她是不是需要有新的考虑。

就在林颖决定停止供稿的那晚，她接到一个陌生的电话，对方是一位供职于运河出版社的编辑。对方告诉林颖，这段时间出版社正准备出一本作者的合集，要向她约稿。那一刻，林颖拿着手机竟说不出话来。她对照了对方发送过来的文档样章，发现自己之前写的好多稿子，正巧符合要求。

想到这，她迅速整理了几篇发过去，然后开始了等待。不久就得到了一个好消息，稿子顺利过审。并且对方给了她善意的提醒，“你的文笔不错，如果手中有存稿，完全可以自己单独出一本。”

这个消息折腾得她泪眼汪汪。她长吐一口气，好似这么多年的执着与坚持，或许就在等待这一刻的到来。来不及煽情，放下电话，她立即打开电脑开始整理。可惜所有的文章放到一起，距离出版社要求的字数还差很多。她连夜给自己重新制订了写作计划，一个星期后，选题全部结束。

努力会让人有一颗积极上进的心，而岁月从不会辜负每一个努力生活的人，或早或晚，所有的付出都将得到回应。还好，这么多年她一直没有放弃写作。

3

不久市区的文学界即将开办儿童文学写作培训班。学费由政府出，食宿全免，为期五天。这无疑是天上掉下的馅饼。很多文学朋友问她，“你参加吗？”

“我又不写儿童文学，我去干嘛呀？”

面对朋友的热情，林颖又开始自我审视。尽管自己的约稿越来越多，也就在她将写作当作爱好自娱自乐时，她的文字已慢慢地陷入了浅水区。她需要开阔眼界，寻求更多文字市场。最终她答应了朋友的邀请。

有关培训班的事项与事宜，主办方给林颖发来一个文档。这次培训邀请了儿童文学界的大咖，有些更是出版界的老编辑。虽然大部分人她都不认识，但看简历都是高手。参加培训班不仅可以学到知识，结业后还颁发证书。这让林颖非常心动，但是文档最后对学员有作业的要求。因为工作档期的缘故，她有些犹豫。

经过几番辗转，林颖终于如愿地坐在了课堂里。让她对文字，对文学有了更深的理解。一个真正喜欢文学的人，对文字的热衷绝非只是玩玩而已。

后来，林颖还报名参加了一个非学历儿童文学班，平时通过大量地阅读儿童文学书籍，开始了儿童文学创作的尝试。

一年 365 天，日日的坚持，林颖终于得到编辑和读者的认可，这是一种赞誉，也是一种肯定。虽然有些稿子并未能如愿地变成铅字。它们长时间待在电脑里，初看起来是做了无用功，而事实上，每一次的坚持都会有收获，是一种积累。

多年以后，即便没能站在成功的领奖台上，林颖也一样享受到了无限风光。因为岁月从不辜负任何一个努力的人。

我们曾以为，努力是为了证明给全世界看。最后却发现，生活是自己的，奋斗也不是为了别人，是为了成为更好的自己。

恭喜你，林颖，你成功了。

一步一步，终将步步生花

快乐，是让你懂得这个世界其实比你我想象的还要美好。所以当你质疑什么是更好的生活时，我会告诉你，明天会更好。

学英语最好的方法不是去学习英语，而是用英语去做什么。这是我在培训机构与大家分享学习心得时说的一句话。

第一次接触英语，并非因为喜欢。在外企，作为一名法律顾问，如果会英语，或者会一两门其他国家的语言，保证你的收入会翻倍。

挣钱，是我当初学习外语的目的，没想到后来真的爱上了学习外语。也因此认识了梦曼，花一样的女孩。

1

梦曼的专业是服装设计，本科毕业后入职一家服装企业。可是不知道为什么，第一天上班，人事部经理竟然将她分配到一楼的生产部，而她应聘的职位在设计部。生产部与设计部太过遥远，起码隔着十多层楼。

拿着分发的工作服，梦曼陷入沉思。难道，他们是希望我在最底层锻炼锻炼？

想到这，梦曼笑笑，安心地待在了生产部。可是没有想到，这一待就是三年。梦曼工作踏实，凡事都比同事多一分细心。即便是同款式的衣服，她总是能做得精致几分。

第一年年底，在年度大会上，领导还特地表扬了她。

第二年，因工作突出，她再次被公司评为企业先进个人。

但种种努力的结果只有一个，那就是她自始至终都没有被调回设计部。

其实，渴望被调回，不是因为生产部在一楼，设计部在十六楼，那里的风景好；也不是因为那里的薪水比生产部高出100%。她热爱设计，希望能调回设计部，其实是希望能得到更大的发展空间，更好地施展自己的才华，实现个人梦想。

难道是自己不够努力？面对现实，梦曼不停安慰自己。而她也坚信，是金子总是会发光的。

时间过得很快，又是一年新年钟声的响起。梦曼再度被公司评为企业先进员工。可让人困惑的是，领导依然没有将她调回设计部。那时，梦曼的人生陷入了黑暗当中。

“你是不是得罪过领导？”

“每天忙着设计，哪有时间去得罪领导啊？”

“做人不要这么倔强，无需在一棵树上吊死。”

“我相信天道酬勤。”

我和梦曼窝在暗黑的咖啡厅，边喝着咖啡边聊天。她一脸的安静，脑子却异常的清醒。

很多时候，我们都不愿去细想一些问题，譬如说梦想，或者未来什么的。怕一旦想清楚，就很难沿着现在的生活方式勇敢地走下去。不是不够勇敢，而是担心生活会磨光我们青春的锐气。努力，是希望所有的人能看见我们的成长，可离成功就差那么一点点。

面对我的好心相劝，梦曼只是笑笑。不着急，幸福不会永远缺席，只是迟到罢了。自己若是金子，领导迟早会发现；若不能，说明自己还不够好，还不够闪亮，闪亮到足以让对方看见自己。

坚持不放弃，一步一步，梦曼迅速成长。在短短的四年里，公司里的同事，包括许多高层领导，都知道生产部有个出了名的倔丫头。

2

此刻，很多像梦曼的人，在全国各地做着自己喜欢的事情，过着自己想要的生活。而我也因为英语走上了一条不归路，对，不归路，母亲就是这么说我的。可对我而言，这一步步走来，就好像一场精心安排的电影，精彩绝伦。

在律师事务所待了八年，就在别人认为我抵达人生顶峰的时候。我向律所提出了停薪留职的申请。选择去了四川，做了一名志愿者教师。

2008 年，汶川县百业待兴的时候，在明德小学，我成了二十个孩子的英语老师兼音乐老师，而且我觉得自己掌握的法律知识也会有用武之地。我认为，山区孩子缺乏的是知识，而不是简单地给他们捐款捐物，因为知识能改变命运。

可到了之后才发现，这里音乐美术课都没有正经上过，小学的科学和英语也是不上的。天！最初的三天是我人生中最迷茫的三天，有种被世界遗弃的感觉。因为经济拮据，我们这些志愿者工资很少。床铺每天都会有各种虫子来光顾。它们不怕我，每晚在床上嬉戏，打斗。

在这个年纪，父亲总觉得我错过了很多东西，婚姻，事业与生活。可看到那一张张笑脸，其实我很满足，我喜欢看见别人需要我的样子。的确，这个年龄段，我好似已经成为剩女。可我觉得，人生绝不是这样的，应该还有更为广阔的天空等着我。我相信这一步步走来，对我人生的非凡洗礼。这不是一段婚姬可以带给我的。

母亲一直埋怨，在那个穷乡僻壤，能把自己嫁了吗？

我笑着对母亲说，四川的小伙子老帅了，我不愁嫁不出去。

你敢！母亲扔下一句话，便没了下文。

当初奋不顾身地来到这里，我只是觉得自己努力学会了英语，应该还有很多人渴望学会。而未来不是跳棋，总得一步一步地走，走到了，自然会知道结果。透过梦想的薄纱，我早就看见了那个人，正骑着白马向我走来。我不知道这些时日是怎么坚持下来的，但我知道，未来还很漫长。

那一日，梦曼给我打电话。

“海子，我再坚持一年，如果人生还没起色，我就离开。”

“你不离，我便不弃。是个爱情故事，不是励志故事。”

我笑了，努力是为了遇见更完美的自己。我不相信人生，但我相信努力。

在我们通电话后的第六个月，故事发生了变化。

一个阳光灿烂的下午，副总乔峰将梦曼单独叫到办公室。

我们一直渴望的故事情节，开始正式上映。

“每年,我都会在应聘的设计师中挑出一名资质不错的员工，去最基层锻炼。我一直以为，从最基本的服装元素出发，设计出来的东西才更真实，更时尚，更适应市场需求。可惜……”

“像你这样倔强且懂得坚持的小姑娘，现在不多见了。下个月，回设计部上班吧！”

梦曼点头，说不出话。是获重用后的感激？还是为手里揣着的辞职信而感到愧疚？这些都不重要，重要的是一个人可以继续自己的梦想，这样挺好。

生活最终没有抛弃她。我们也需要被承认，需要被认可，所以我们要努力走下去，即便伤痕累累，也要坚持不懈。其实，生活比我们想象的要宽厚。只要你坚持，每天努力一点，你终会有所得。正如那脆弱的水滴，日复一日，不放弃地撞击着石块，你看水滴石穿的奇迹就来了。

蚕蛹也是，每天努力一点，终于破茧重生，获得了光明。

梦曼也是，一步一个脚印，从不服输，终于迎来了人生的春天。

3

人生，就好像是登山。

一边攀爬，一边享受路边的风景。可等你爬过一座山时，你会发现另一座山的风景更美，便继续行走。一切都来得顺其自然。其实，这就是人生的全部意义。遇见更美的风景，遇见更美的自己。

随行的支教老师里，有一位来自北京的梅老师。梅老师与我的父亲年纪相仿，我总喜欢跟他聊天。我曾问他，为什么到了这个年纪还这么拼命地工作？而我的父亲早就退休在家，安享晚年了。

“人生总需要追求些什么。”

他笑着对我说，不工作，人生会没有乐趣。后来我听同事说，因为梅老师来四川，他家老太太在家里不吃不喝折腾好久，也没打消他的决定。

可终其一生，我们究竟在追求什么呢？

站在学校后山上，我看见了时光流淌的痕迹。没有网络，与世隔绝般，但我仍觉得充实，感觉到前所未有的快乐。梦曼说得没错，人生就是一场修行。律所也好，汶川也好，都在沉淀，都在努力，遇见最美的自己。急只是一种情绪，根本解决不了任何问题。

4

回城那一天，看着对我挥手的梦曼，我知道我将再次融入这穿梭的人群中，继续我人生的跋涉。而人生便是如此，一步一步，终将步步生花。

其实，人生的每一步，都有它特定的意义。疼痛，是让你懂得喜悦的珍贵。你与其悲叹青春，不如迈开大步，拥抱未来。

快乐，是让你懂得这个世界其实比你我想象的还要美好。所以当你质疑什么是更好的生活时，我会告诉你，明天会更好。

你舍弃了梦想，就别怪梦想也舍弃你

努力，是为了证明我们的灵魂还活着，即便全世界都舍弃了你，我们还好没放弃自己。

青春是一场无知的奔忙，总留下颠沛流离的伤。

人生因梦想精彩。没有梦想的人，跟一条咸鱼差不多。也许我们努力着、尝试去进步，是为了让自己感觉到存在的意义，让自己在这个世界上还有事可做，有生活去追，证明自己的灵魂还没有完全枯萎，证明自己并没有被打倒。

1

父亲去世后，母亲在陕西老家种地，博文独自一人去了上海。他曾发誓工作后要带二老去上海看东方明珠。可惜天有不测风云，许多事都没来得及去做。

博文此时站在出租屋里，看着远处东方明珠的灯塔，一脸的深思。他好似看见了父亲的音容笑貌，远远地守护着自己。就像人生的灯塔，一直不离不弃。他要努力，即便不是为了母亲，也要对得起这横冲直撞的青春，他不想一切都来不及。

一次偶然的机会，博文看到一家医药公司在招聘人员，他中专上的卫校，懂些医药。他高兴极了，简介都没细看，饭也没顾着吃就去了那家公司。在他看来，在这个大城市里，有一份能养活自己的工作就是一种骄傲。这样的机遇不能放过。

当他赶到医药公司的时候，工作人员对他详细地讲了招聘要求。此时他才看见这个医药助理的招聘需要进行计算机和专业知识的考试。博文心里有些没底。医药专业还行，可这计算机专业知识，他所知确实不多。

回去后的博文，咬咬牙，从生活费里拿出了三百块钱去了一家计算机培训机构。苦熬了三天。过程很艰辛，但结果是喜人的。他被这家公司录用了。

那一晚，博文顶着北风站在街边的电话亭里给母亲打电话。冻得打战，但笑容依然那般干净。

“妈，我有工作了！”

说完，泪就来了。

曾经，我们被人呵护着。从没有想过有一天我们会站在一个陌生的城市里，看着陌生的街道，看着陌生的人群，感觉被这世界遗弃。在博文的眼里，人生就是吃吃喝喝，与家人一起终老。可事实上，无常才是生命的常态。倘若这时候你舍弃了梦想，就别怪梦想也舍弃你。

这世间最残酷的莫过于现实。看到太多道理，却没有真正经历过一个人孤立无援的日子，你就永远不会明白挫折只是一块块垫脚石。在磕磕绊绊之后，你才能看清所有的磨难，只是历练，是让我们成长更快、变得更好的机会。

博文知道，他的梦想时代已经来临。

2

对于这份来之不易的工作，博文一做就是三年。并通过自己的努力，从月薪1000元工资的普通员工做到了3000元的办公室主任。虽然总公司在卢湾区，但他一录用上，就被派遣到广东办事处。一份稳定工作，预示着前途一片光明。可就是在这个时候，公司因经营不善准备转型改革，准备裁员。

博文做事认真，想着裁员不会裁到他的头上。可事实上，在一年前公司的运营就已经开始出现了异常，也就是在那个时候，他就有了自己的想法和规划。他没有对母亲说他有辞职的想法。对于老人来讲，能有一份稳定的工作，是一切幸福的保障。尽管这份稳定，只是空中楼阁，很脆弱。

没过多久，博文母亲也不知道在哪里得到了他要辞职的想法，在家里闹腾了几天。态度坚决，从那个偏僻的小山沟里走出来的人，能有这样一份很体面的工作，且又稳定，这是打着灯笼也找不到的。电话里母亲一把鼻涕一把泪地劝他，但第二年博文还是辞职了。

“狗蛋，你要好好的，好好的啊。”狗蛋是博文的小名，当听到儿子辞职的消息，母亲吓坏了。“你要是有个什么事，我怎么对得起你死去的爹。”

“妈！”

博文没有过多的解释，因为对于老人而言，一份安逸就是一种幸福。可事实上，任何一份安逸，而又毫无挑战性的工作，最是不能让你的人生“好好”的。而对于人生，只有不断地调整，不断地挑战，才能像海燕一样在人生大潮中，飞翔自如。

尽管母亲气得病了一个星期，但他知道自己想要什么样的生活。不是不担心母亲的身体，但他更不想舍弃梦想。想着自己还年轻，他想出去闯一闯。

辞职后，博文只身一人来到了北京。他已经为从事医疗器材的生意做了准备，而且也一直在做这方面信息、资料的搜集。但只身一人，没钱，又没人脉的情况下，仅凭一腔热血去创业，所将面临的困难，超出了他的想象。

在北京呆了三个月后，博文第一次回家。看望母亲的同时，也是为了筹钱。开拓市场，吃饭住宿都需要钱，他想跟那些七大姑八大姨们借钱。当晚，听到他的话，母亲瘫在地上，号啕大哭，痛骂了博文一晚上，多难听的话都骂了出来。博文强忍着泪，把母亲扶到床上。就这么傻坐在母亲的床前，一宿没睡。

他想了很多，他想让母亲安度晚年，可他也不想就这么放弃了。生活不会平白无故给你想要的，你必须时刻努力着。然后等风来，逼自己一把飞上更广的天空，看最美的星星。

面对失败和挫折，一笑而过是一种乐观自信；面对烦恼和忧愁，一笑而过是一种平和释然。打拼的路上，怕什么孤独，因为你值得拥有更好的。每个人都有一段独行的时光，或长或短，都是无可回避的过程。孤独的人，不必总觉得生命空空荡荡。上天总要你腾空双手，才能接住更好的一切。

3

那是一段漫长而又艰辛的岁月，时间让博文尝遍了人间的酸楚，也让他快速成长为一个勇敢的人。对于创业，穷不是你的错；但如果不努力，那你就别想跟这个世界谈条件。一个穷人家的孩子想要做出一番事业来，那是一个艰难的决定。泪水背后，一个又一个故事，只有你一个人默默去承受。

在那几年里，乡里人很少见到博文，但每年他都会回去，带着好多吃的给母亲。人们谈论他的孝道的同时，也越发觉得他的艰辛。每每问到这些，他总是笑笑，说没事。而博文的母亲只是安静地拉着他的手，巴巴地看着，不再说一句话。她懂，她都懂。

博文做医院器材生意，每天都要跟业务院长打交道。碰到脾气好的，还能唠上几句；遇到脾气糟糕的，他们不等你说完，就直接将你轰出去了。可博文就这么倔强，不管别人怎么对自己，他都笑脸相迎。父亲在世的时候说过“伸手不打笑脸人”，这是做生意之道。

2014 年，对博文来说是一段美好的时光。他的业务开始有些起色，努力了这么久，老天爷也终于觉得过意不去了。他辛苦的努力，痛苦的坚持，最终没有白费。这一年里，博文将生意做到了上海，他对这个地方有感情，并在这里买了一套房子，将母亲安置在这里。他最初的梦想，就是让母亲过上幸福安稳的日子。

可对他而言，这只是一个开始。

你若舍弃了梦想，就别怪梦想也舍弃你。你看，一切都刚刚好，还好没有放弃。但人生从来不是一成不变的，而它的精彩就在于它的变幻莫测。

一次失败，一次新的蜕变。

前年，因为市场竞争，他的朋友抢走了他在东北地区的代理权，多年打下的市场被迫拱手让人。那些日子，博文总是在想，为什么会那样？自己辛辛苦苦坚持了几年，所做的一切最后反成了别人的嫁衣。市场竞争本是残酷的，这点心理准备他早就有。可他不甘心。

其实，一次次失败也不是什么坏事。它会让你快速成长，变得成熟。虽然经历了这一次惨痛的教训，但博文并没有就此沉沦下去。父辈人常说，吃一堑，长一智。在以后的生意中，博文变得谨慎起来，考虑问题也更加成熟。

幸运再次眷顾了他，生意初见起色，越做越大，越做越牢靠。随着业务的扩大，他创办了医博康医疗器械公司，租用了一家高档写字楼做办公场所。

4

于博文而言，人生的春天来了。

成立公司，招人，管理、规章制度的建立，一步一步，博文都是亲力亲为，从一点一滴做起。

此时母亲又唠叨了，“狗蛋，不错了，该停下来歇歇了。”

“好！好！”

但博文知道，他的人生路还很漫长。

努力，是为了证明我们的灵魂还活着，即便全世界都舍弃了你，我们还好没放弃自己。像博文，我们都曾渴望父辈眼里的“好好的”，渴望在安逸中苟活，可命运偏偏不让你得逞。它就这么咬着你，折磨着你。你越懦弱，它越撕咬得厉害。

或许也在那一刻才明白，与其担心未来，不如现在好好努力。这条路上，只有奋斗才能给你安全感，让你“好好的”。不要轻易把梦想寄托在某个人身上，也不要太在乎身旁的闲言碎语，因为未来是你自己的，只有你能给自己最大的安全感。别忘了答应自己要做的事，别忘记自己想去的地方，不管那有多难，有多远。

岁月，都会给你最好的答案。

现在努力，未来才会出现奇迹

只要你努力，岁月从不辜负任何人。也不要抱怨一切太迟，相遇恨晚。只要你勇敢地去追，去努力，未来才会出现奇迹。

很多人都期望生活中会发生奇迹，也羡慕那些发生奇迹的人。事实上，只有努力才会有奇迹发生。很多期望，若不付诸努力，都是空谈。如果说生活中真的存在奇迹，那也是努力的结果，因为奇迹的另一个名字叫努力。

它并不只是一种幸运，也不是上天的眷顾或怜悯，而是我们努力的结果。努力地坚持，努力地相信自己，努力地微笑面对困难。我们坚信，下一站迎接我们的是机遇，还有梦想绽放的奇迹。

有的人喜欢抱怨，我努力了啊，为什么没成功，为什么别人可以月入过万，为什么我就只能温饱度日？就像我朋友李渊，每次见面，不是抱怨这个，就是嫉妒那个。一出口，“凭什么？”好似全世界都跟他有仇似的。

有次见面，他一落座，他又说开了。说他的上司如何趋炎附势，做到经理这个位置，完全是靠拍马屁得来的。这个话题说了不下十次。对不了解的事情，我从不妄加定论。但我也不想让耳朵受累。

面对他的滔滔不绝，我忽地站了起来。

“去超越他！你才够爷们！”

今年6月，我去上海参加管理培训课。尽管窗外太阳炙热得能烤熟一只虾子，但我们仍认真地坐在那里，听着导师讲课。很意外地，我看见了李渊的影子。

我知道李渊在上海一家置业公司卖房子，基于以前的接触，这次出差，我并没有告诉他。说实话，我不想见到他，因为我这次来上海有两个任务，第一听课，第二还有一家业务要谈。来之前，经理告诉我，那家公司很难啃，但对方提出的条件很诱人。我担心李渊的低落情绪会影响我的工作。

如果不见，好似也太不近人情。于是回扬州的前一晚，决定约他见面，那晚我是八点的机票。

那天，上海下了一场干净利落的大雨，冲散了连日来的闷热。眼前的李渊，干净利落，微笑间带着亲切。带了几句关心，我们又聊到了工作。尽管我不希望聊这些。我还记得上次的聊天，而且我记得，自从那次见面之后，我有好长一段时间都没有李渊的消息。我怀疑他现在是不是特恨我，我甚至有些后悔当初的言语刻薄，尽管我是善意的。

他告诉我，那次聚会不久后，他去了一家同行业的公司，做了主管。

我发觉自己好像瞬间高大了许多，毕竟为国家挖掘了一个有潜力的人才，不是么？

那时，李渊的职位已经与前上司的级别相同，并且在一次竞标中，还完胜前上司。

“你都不知道这一年多，我经历了什么。”

那一晚，我们在可以看到上海东方明珠的木马咖啡厅随意聊了一会。李渊脸上的笑容比以前多了。那种难掩的自豪与自信，让我瞬间为来之前的心理，感到自惭形秽。

来时的路上，我还懊恼不该在这个整天只懂抱怨的人身上浪费时间。可事实上，李渊又给我上了一课，或者说扇了一巴掌。让我透彻地明白，咸鱼也能翻身，只要你有梦想。

传统教育总是告诉我们，只要做好本分，便可得到他人的认可。但这种等待被认可的过程非常痛苦。事实上，你可能已经做得很好，做到百分的极致完美，却只能眼睁睁看着奖杯落在别人手上，往往并不是因为你不够好，而是你还不够努力。

只要你努力，岁月从不辜负任何人。你也不要抱怨一切太迟，相遇恨晚。人生很现实，你只有去努力，未来才会出现奇迹。事实上，生活远比小说来得痛苦不堪，但也远比小说更为精彩动人。这就是人生。

三年前，他抱怨，满腔的怒气，好似全世界都与他有仇。他甚至觉得自己被这个世界所遗弃。作为长一岁的学姐，我对他真的如鲁迅先生所说，哀其不幸，怒其不争。我曾劝说他，生活中生与活本就不易，不是你一个人活在水深火热中。你想活得有滋有味，那你就得努力跳出安逸，跑起来去抓住天上掉下的馅饼。

李渊现在已经是置业公司的部门经理，他带领的团队在 4 月份取得了公司年度总业绩第二的好成绩。我并不感到很意外。夸了他几句,他竟然露出了羞涩的酒窝,与三年前的那个人大相径庭。

“醒悟了？”

我满眼的诧异，但我不得不承认，他用行动刷新了我对他的看法。

“很感谢学姐那次将我骂醒了。”

“不努力,你凭什么跟这个世界叫板？”李渊喝着咖啡，“是啊，我一个初出茅庐的大学生不努力，有什么资格去谈成功，谈享受，去瞧不起别人，而且还是一个比我优秀的别人。”

……

窗外又下起了雨，就像人生路上，随时都需要面对一些突如其来的坎坷。

李渊像我们大部分人，一开始只不过就是一个懵懂的，贫穷的，欠缺工作经验的大学生，但一步一个脚印，赢得如今的局面。这就是李渊，够努力，够奋进，一派励志王的样子。

他不追求那些虚名，看重的是团队，拼的是努力。但不得不说，正是这样的平静心态才为他带来了成绩和荣誉。他所带领的团队精神饱满，意气风发，不自卑不骄傲，看上去真的非常赏心悦目。

说起管理团队，李渊自称是一个很啰唆的人，有时候像个妇女。但他的每一句话却都是真诚、发自肺腑的，不像传统中介一样去给员工洗脑。

“你不挣钱，到时连老婆都娶不起，你拿什么给父母养老送终？”

“我希望所有的女孩子都能买得起自己喜欢的东西，而不是买的时候，总担心着家里的日常开支。”

语言简单而又质朴，却能够让人激发斗志。这不是高大上的远景，而是握在手里可以改变的命运。而一个人只有现在努力了，未来才会出现奇迹，过上你想要的生活。很多人喜欢为自己的失败找借口，说时不待我。其实上帝对每一个人都是公平的，你不愿意去努力，整天梦想着天上掉馅饼。那是个童话故事。

我们后来的几次相聚，他对公司的事情反而说得很少。他总笑着说，以前抱怨得多了，现在都没得抱怨了。自己还年轻，应该多一些实干。一步一步，用探索的方式去工作。努力才有奇迹，你也只有努力，才能去展望未来。

认识很多人，历经很多事，你会发现，与其等待奇迹，不如踏踏实实地做好自己该做的事情。我们会感叹，岁月真的会改变一个人。你瞧，时间将李渊变成了人生中最好的模样。

四年前，他与公司其他人一样。心怀忐忑，满满的期待。而对于房地产中介行业来说，优秀的职场人不仅仅需要一张能说会道的嘴，以及百分百的热诚，而个人魅力、内涵及职业素养更为重要。李渊告诉下属，他们每一句话都是在设身处地为客户着想，为自己的人生负责。看清了人生的方向，剩下的就是努力向前。

在外人的眼里，他不急不躁，事情处理得有理有据，是个很好的合作伙伴。果不其然，不到半年的时间，他就升职成为经理，从小小的种子，成长为参天的大树。

在旁人看来，这是一个奇迹，是天上掉下的一个大馅饼。甚至有人认为若不是抓住了好机会，恐怕他根本不会成功。

可事实上，成功是每一个人努力的结果。李渊今天所得到的一切，都是通过自身努力而得到的。有实力的人是不怕没有机会的，只要努力，机遇便无处不在。成功都是留给那些有准备的人的，而机会也不是干等就会来的，没有与之匹配的努力和实力，等再久都是在浪费时间。只有现在努力，未来才会出现奇迹。

在一次公司例会上，高层领导问及李渊一组下月的目标时。李渊很坦然，也很实在。

“九月，希望业绩能突破五千万。而我一直有个心愿，希望我们组每一个人的业绩都能超过上个月，在工作和生活中得到更大的收获。”

没有人的未来，是从天上掉下来的。而我们所认识的所有成功者都是一步一个脚印从过去走来，手握自己的命运，通过拼搏和努力，去换取最终的胜利。

其实，生活就是奋斗和收获。人生是短暂的，把握人生方向，剩下的就是不断地求索，不断地追求，不断地奋斗。尽管前进的路上有汗水、眼泪，但也一定会出现灿烂的笑容，在成功中获得快乐和享受。

时间会使你成熟，事实上，当你决定了去做一件事，并能付诸百分百的努力。结果你一抬头，哇，奇迹就站在你前面。

瞧，这就是岁月对你的馈赠。

第二章

你想抵达的远方，现在就起航

生活中所经历的一切，
无论好坏，
都要怀着一颗感恩的心去面对。
最终，
它们将会让你变得越来越好。

制定目标，幸福才能款款而来

我们需要清楚自己到底想要什么，并制定目标，幸福才能款款而来。

谁的青春不迷茫？

因为青春，见识少，对自己不够了解，才会在选择面前犹豫，对未来不知所措。很多时间，我们都在渴望得到外在的帮助，比如父母、亲人、朋友，比如各种社交环境，那种求而不得的局面，可我们却很少有时间来考虑自己内在的原因。

因为不了解自己，所以你不知道自己要什么，自己能做什么，自己适合做什么。你对自己都不了解，怎么能在这个社会给自己恰当的定位？

成熟，其实就是对自己的了解。因为了解，才能将自己的优势发挥到最大，才能定位好自己，走出迷茫。如果一个人做着自己不喜欢的工作或事业，那么即使为了钱咬咬牙做一辈子，在这一辈子中也只不过是在用钱来缓解心灵的阵痛罢了。这时候你需要先停下来，好好地思考下自己到底要的是什么。

也许有些人说，人生需要的是实干，思考是浪费时间。可实际上，你只有知道自己到底想要的是什么，并为此制定目标，你才会成功，你才能成功。

1

现实生活中，很多人会迷茫。是因为习惯了被人指引。这年头，一个人独立思考的能力变得越来越稀缺，许多人倾向于有问题找百度，有问题问父母，难得有问题独自思考，太习惯捡别人的二手、三手，或四手资料，然后把那些得到的资料当成是自己的答案。可是这些答案你都没有用实际去体验过，又怎么会有真实的生命感悟呢？

你会忽然发现，原来自己这么些年都不是在为自己而活。因为太习惯听别人的，而缺失了独立思考的能力，不知道自己要什么了。

就像木木这个丫头，二十六岁的姑娘，每日奔波在尘土飞扬的生活中，她不知道自己为什么将这么好的人生，硬生生地过成了今天这个样子。她很努力，却很茫然。

木木在上海一家外媒做着策划，工资很高，可这么多年，她一直住在地下室里，穿着两年前的衣服，头发枯黄，皮肤干燥，一脸的心事重重；时常半夜里哭泣，不知道下一步该怎么走。如果半夜有电话响，肯定是母亲打过来诉苦和要钱的，她的那些工资养活着一家老小，时不时还要补贴他们生病、旅游的开销。有时候到嘴边的拒绝都说不出口，想象着父母把她拉扯大也不容易，反而会心生难过。

认识她的人，都说她不容易。在公司里，她也是用功出了名的女生，面对一家子的吵吵闹闹，她从没放弃过努力生活。她将所有的业余时间都用在了挣钱上，没有时间谈恋爱，没有时间打扮，她太忙碌。

每天忙着应付生活中那些情感压力，她从没时间去读书，去休闲，去做保养，她甚至一次都没去过健身会所。一家人的期待都压在她身上，时常有种生不如死的感觉。但这些年，木木一直努力地撑着。因为这些需要自己的人都是她最亲的人。她一直觉得，自己人生最大的目标就是照顾他们，并让他们过上幸福安稳的日子。

她自己呢？来不及考虑。

2

这种“安稳”的日子，持续了十年。尽管“危机四伏”，但木木保证只要自己活着，只要不出意外，这种“安稳”的生活状态会一直这么持续下去。直到有一天，一通电话将这种“水月镜花”的假象打破，而且再也回不到从前了。

那一日，弟弟又打来电话要钱。而此时的她正在出差广东途中，刚刚为了省火车卧铺钱坐了两天一夜的硬座，本准备在途中看会儿资料，可车中嘈杂而又拥挤的通道，不时有不明物撞过来撞过去。一时间，她突然觉得悲哀又愤怒。听着电话里直截了当的要钱的言语，木木对着窗外流出了眼泪。

显然，一次糟糕的电话，将那份已经胜券在握的合约搞砸了。即便她做了最后的退让，对方态度依然强硬。在相关利率上，没有半分的协商余地。

老娘不伺候了！木木低吼着摔门而去。

返程的路上，她倒一反常态，不哭了，对着窗外看了一夜。她咬咬牙，在心里决定结束这一切。尽管她爱他们，但爱不是枷锁，她需要更多精力去打拼渺茫而又精彩的未来。也只有这样，她才能许诺给父母，给亲人一个很好的未来，富足的生活。

看着窗外微亮的鱼肚白，她给母亲挂了电话。轻轻地就在那说着，说着这些年的辛苦，说着以后的梦想，说以后可能要为自己考虑了。

电话那头的母亲惊讶而又愤怒，指责她是白眼狼，并把电话挂了。

弟弟很快又打来电话，噼里啪啦一大堆，质问她为什么这么做，把母亲都气病了，怎么为人子女的。对着电话她不再说话，她决定的事情不会再为谁动摇，而自己的人生，她必须为自己负责。

当她再次挽回那份合并计划时，已经是一个月之后。木木回了趟陕西老家，待了一个星期。洗衣做饭，打扫卫生，帮父亲悉心地照顾母亲，但她并没有放弃自己的决定，坚定且温和地坚持着。有过一整天的时间,都没有一个人与她说话。她好像被这个家遗弃了。可木木知道，如果一个人没有人生目标，跟一条死鱼差不多。

离开时，母亲突然从屋里跑出来抱住了她。

“这些年这个家多亏了你，孩子，你也该考虑考虑自己了。”

那一刻，她泪如泉涌，温柔地抱着母亲。

3

回到上海，木木依旧忙碌着，但心情明显轻松淡定了许多。

不久木木拿出攒了许多年的公积金付了首付，贷款在公司附近买了房。她再也不用加班时，还担心着会不会太晚而没有公交车，因心神不定影响了工作效率；买了个高端手机，让自己再也不会因为手机内存小，而打不开领导发给自己的图片和邮件而焦急；做了新的发型，买了几件漂亮的大衣。

木木觉得，一个人只有不辜负自己，才能不辜负那些爱自己的亲人。而且她发现，再次规划过的人生，工作效率提高了，生活质量也提高了。

她的生活越走越敞亮，所有的事情也开始一点点缓过来。以前因为身体的原因，木木放弃了很多远途出差的机会，也放弃了很多学习的机会。她现在也开始好好吃饭，脸色有了好转。第一次，她觉得活着这么美好，感受到了生活的精气神。

当你知道自己要做什么的时候，全世界都会为你让路。事实上，有些事情如果你现在不努力去做，即使到了三十岁，你想要的生活也依然得不到。

木木，以及所有像木木一样的好姑娘，她们是幸运的。在人生最好的时光里，她们终于发现自己真正想要的是什么，并且通过努力，得到了自己想要的生活。生活中，我们从不怕大器晚成，怕的是你走了这么久，连自己的人生目标是什么都不知道，难免可惜了这一份鲜活的青春。

木木一步一步靠着自己的努力，做出了很多成绩。虽然有着温婉的外表，但她一样有着相当魄力的决断力，最善于四两拨千斤。对于每一份业务，她都亲力亲为；对每一份合约，她都会提前做好准备，有些合约甚至会做几个方案。在累积一定人脉和资金后，2014 年，木木成立了自己的工作室。尽管商场是男人的世界，但木木从不退缩，她总是万绿丛中一点红，分外夺目。

木木虽然走了很长一段弯路，但最终收获了满天的星星。在这个过程中，她不仅磨炼了心性，还学会了坚持为梦想而战。她或许会有些遗憾，会觉得这么简单的道理自己为什么到现在才知道。为什么非要付出那么多时间和教训才能换取？但这些都不重要，重要的是，她已经从灰暗的人生中走出来了啊。

人生很漫长，历经的路程也很多。我们需要清楚自己到底想要什么，并制定目标，幸福才能款款而来。况且，人生就是这样啊，我们都是在踌躇和懵懂中，变得完美起来，变得强大起来。

4

生活不仅仅有静止和重复。

我们已经来到这样一个时代，只要你的渴望合理，你付出努力，世界会找到方法帮你实现。每个人都在追求生活的品质，我们期盼和所有自己喜欢的东西在一起，而不仅仅是活着。

有追求，有目标，做自己喜欢的事情，向自己喜欢的方向前进。这些对于我们，都是像呼吸一样重要的事情。时代给了我们很多选择的权利，你想要什么样的人生，都可以通过努力而得到，此刻你还在等什么呢？

生命很长，何时上路都来得及，重要的是你要清楚你想要的到底是什么，为渴望奔跑，必定无比轻盈。幸福便会不请自来。

踏踏实实做好每一件小事

不要好高骛远，踏踏实实地干，时间会给你最好的答案。相信岁月也不会亏待任何一分努力。

老辈人总喜欢教育我们，孩子，做事要踏踏实实，不要眼高手低。但现在的年轻人总喜欢自诩“别人家的优秀孩子”，标榜自己的能力强。

就像助理艾琳。工作了很久，在大家的眼里却总是摆脱不了年轻浮躁的印象。以为自己出身北大，就如何高大。可如今职场已不是一个看脸看简历的时代，我们靠的是能力，是实干。也只有遵循职场规则，我们才能保住自己的饭碗。

很可惜，很多人都不懂。包括 25 岁的艾琳。

1

2014新年刚过，公司招了一批员工。营销总监王斌在一大批新新人类中挑到了一个新的助理。艾琳，25岁，本科毕业。论长相、论文凭她都不算出类拔萃，但能吸引总监的是这个女孩能写得一手好字，尤其像她这样90后的小女孩。聪明，性格活泼，静下来竟也能写得一手漂亮的字，这让总监对她多了几分好感。

总监没看走眼，与以前的助手相比，艾琳的优势很快显露出来。她从工作流程到待人接物，吸收能力强，学得也快。很多工作一教就上手，很省心。重要的是她不是那种爱搬弄是非的人，因为总监最烦的就是那种聒噪的人。

起初艾琳只是负责市场调查工作，渐渐地会参与一些年度新产品研发工作，她负责向技术中心提供新产品研发市场信息。大家都知道，营销部是一个企业的经济命脉，它的业绩的好坏直接影响到企业的收入高低。有时候，一些策划案的问题非常棘手，加上她是新手，犯错很正常。

有一次，鑫茂大厦的营销战略规划中，艾琳所提供的数据与其他市场评估人员提供的资料有很大的差异。后来才知道，艾琳那几天因为生病了，为了尽快提供资料，很多内容都未经核实便采用了，结果出现了错误。艾琳很紧张，下班后，她主动留下来，向总监承认了错误。

“错了没关系，但下次可不要犯同样的错误了。”

她点点头离开了。

不久后，艾琳又犯错了，这次是数据统计出错。但在总监面前，她不仅没有好好反省，反而认为这些琐碎的数字统计是统计员的工作，不该交给她来处理。

总监问她："什么叫做不琐碎的工作呢？"

艾琳看了总监半天，"我觉得，我的能力不仅仅能做这些，我还能做一些更加重要的事情。"

"做事与努力一样，都需要循序渐进。没有人能一口吃成胖子。"

整个谈话过程，艾琳都显得情绪低落。总监也没了说教的兴趣。他对艾琳说，"先把心沉下来，做好每一份琐碎的工作，日后你定会明白我的用意。"

一年后，总监开始慢慢地交给艾琳一些各部门之间，各分公司之间的协调工作。让她尝试着去接触陌生的领域。总监希望艾琳明白，做人做事不分大小，而且任何一个人的成功都是从做好一点一滴的小事开始的。踏踏实实，日积月累，溪流才能汇成大海。

2

想要成为一名合格的营销部成员，要有较好的沟通能力、市场开发能力、分析能力和应变能力；更要熟悉营销模式，有着良好的营销管理策略及经验。很显然这些经验不是天上掉下来的，是需要你一步一步通过实践得来的，没有谁能随随便便成功。

很多报道中都喜欢说，某某大明星"一夜成名"。可事实上在成名之前，你必须十分努力，才能抓住机会一举成名。很多人梦想着诗歌与远方，但是，当我们到达那个地方的时候，你会发现脚下依然是苟且。如何将脚下的苟且过成远方，这才是本事。

可艾琳不懂这些，世间的浮躁让她无法再淡定下去。搞调查，做分析报告，她觉得呆在公司是浪费生命，生命是父母给的，但青春是自己的。不行，她得折腾。

半年以后，艾琳第一次提出辞职。总监很惊讶，她聪明，沟通能力强，的确是个好苗子。此时辞职，总监觉得有些可惜。

“怎么不想做了？”

“本以为找到工作后可以大干一番。可是，每天处理的都是些琐碎的事情，没有成就感。”

“说说，哪些工作是你眼里的琐碎工作？”

艾琳瞟了瞟总监，有些顾虑。

“你都决定辞职了，还有什么好担心的？”

“帮您贴发票，然后报销，最后把钱给您拿回来。”听到这里，总监笑了。

“你帮我贴了半年的报销发票，难道毫无收获？”

瞅着总监，艾琳呆了半天，嘀咕着，“贴发票就是贴发票，有什么收获，钱又不是给我。”

见艾琳这么说，总监也不气恼。

“十年前，我刚入职时只是公司的一个文员，一年后我从科室被调到了总经理办公室，其中有一项工作就是帮总经理报销他所有的票据。五年后我竞职到营销总监的位置，机遇是一方面，还有更重要的东西，你没有抓住。”

“我没抓住的东西很多，别人都羡慕我进了大公司，可我现在却做着贴发票，每天出去发宣传单搞调查报告。这跟我的梦想相差甚远。”艾琳闷闷不乐地说。

“心沉下来，才能抓住那些厚重的东西。你心思浮躁，经常犯一些常识性的错误。事实上，那些看似简单不动脑子就能完成的工作里，你将心沉下来去做，也会有收获的。”

那天两个人以朋友的身份聊了很久，艾琳从一开始的“抑扬顿挫”到“平铺直叙”，到最后她直接不出声了，第二天她收回了辞职报告。

又坚持了三个月，她还是辞职了，这次总监没有留她。

3

离职后，艾琳和总监两个人经常在网上聊天。

很快艾琳又找了份新工作，当总监给她发来祝贺的第二个月，她又辞职了。离职的第一年，她一共换了三份工作，最短的一份只坚持了一个月。每一次聊天，除了报告新动向，就是抱怨，她觉得人生很迷茫，总觉得每一份新工作都跟她的理想有出入。

2015 年，艾琳又一次辞职了。一开始总监还说她几句，后来就懒得理她了。他认为艾琳的性子定型了，没救了。

去年赶着国庆，艾琳约总监吃饭。总监本想拒绝，但的确是盛情难却。结果很意外，以前每次都听她抱怨，或者诉说自己的不幸运；但这次吃饭的气氛一直很愉快，她恢复了刚毕业那时的青春活泼与开朗。她还提到了上个月参加了一次美术比赛，得了一个二等奖。

离开时，站在远处，她忽然转身对总监说，“老师，用了两年的时间，我终于弄明白你以前说的话是什么意思了。谢谢你。”

看着艾琳欢快离开的背影，总监呆住了。这是个让他感觉有些陌生的艾琳。

艾琳并没有细说她这一路走来，是如何完成从困惑到坦荡的转变，但总监已经从中感知到了她的变化。其实，大部分人最初都很难预测到将来我们真正要从事一份什么样的工作，而且这份工作跟我们学的专业是否有关。事实上，现在很多人所从事的工作，都跟他当初所学的专业一点关系都没有。我们只有努力，不断地去学习与积累，才能在这个拥挤的城市里获得呼吸的空间。也只有踏踏实实地去做好每一件小事，脚下的苟且才能过成远方。

很庆幸在不太长的时间里，艾琳明白了这一切。

现在，作为精锐集团的经理助理的艾琳，依然做着那些琐碎的工作，比如贴票据。她终于发现小小的票据上却有着庞大的数据记录，看似一堆毫无意义的数字，它们却涉及公司各方面的经营和运作。而且通过这些数据统计，她渐渐地发现了一些上级在商务活动中的重要信息。比如，哪一类的商务活动在什么样的场合举行，费用预算大概是多少，各种公共关系常规和非常规的处理方式。

基于对这些信息的了解，当经理再次安排艾琳工作的时候，她会处理得很妥帖。有些信息是经理根本没有告诉过她的，可艾琳会通过经理日常处理的方式去办理，起到了非常好的效果。

有一次，有位外商陪儿子来中国参加夏令营亲子活动，顺道来公司考察。此时艾琳的上司正在广东谈项目，赶不回来。便匆匆交代艾琳几句，就上了返程的飞机。可当他风尘仆仆地赶到公司时，艾琳已将一切都安排好，酒店住宿，两个人会晤日程的安排。以公司的名义，甚至还给对方儿子准备了礼物。

总经理很惊讶，问艾琳是怎么做到的。

艾琳坦诚地说出自己的工作方法以及信息来源。她的这种良性积累，让经理十分看好她。

渐渐地，经理将更加重要的工作交代给她。

不久艾琳被提升了。

4

这是一个故事最好的结局。

工作，生活，都需要你是一个踏实的人，也只有一个能沉得住气的人才是难得的人才。

初出校门的年轻人大多眼界比较高，但现实又难如愿，便会迷茫与困惑。其实，重要的不是你做了什么，重要的是你在工作中得到了什么。不要总是抱怨自己的工作多，老是加班，事实上，一份工作就是一次学习的机会，你接触的领域多了，自然了解的比别人多。懂得多了，有实力了，有经验了，获提拔就是一件水到渠成的事情了。

不要好高骛远，踏踏实实地干，时间会给你最好的答案。相信岁月也不会亏待任何一份努力。

不多走几条弯路，又怎么知道哪条是捷径

路还很长，如果我们不能努力奔跑，就会成为别人的垫脚石。

人生，在很多时候是公平的，而岁月是从不会亏待每一分努力的。

我们都知道天上不会掉馅饼，就是掉，也会砸中那些跑得快的人。你若想做成某件事，就竭尽全力去拼去努力。也有可能你走得快，跑得也快，但是却没有撞到馅饼，这也没什么，多走几条弯路算什么，当做锻炼身体好了。重要的是我们都相信，属于你的终究会是你的。幸福只是迟到了，但它不会永远缺席。

雅虎前 CEO 梅耶尔也曾说过，人应该去做一些还没有准备好去做的事情。做一些你感到害怕的事，意味着你将向前迈出一

步，你将会学习新的东西，你将会成长。你要相信，你会被世界温柔相待。

那日聚会，杜明起初担心林海峰会因为工作的事不来，事实上那天林海峰只是晚来了些，但没有缺席。

提到林海峰，高中同学都记得他，说话总是先露出洁白的牙齿“嘿嘿”地笑。他来自陕西的小地方，穷倒是没什么，只是他皮肤黑得出名。而且力气大，爱帮助人，我们都喜欢叫他“大黑牛”。

1

前几日，杜明接到林海峰的电话。

“哥，我的新店开业了，你来给我的新店剪个彩，有空不？”

杜明一愣，很快笑了起来。“你小子，我就知道你不会这么容易被打倒的。”

一个在上海，一个在广东，但即便相隔再远，杜明都觉得自己应该亲自到场，亲口对林海峰说一声恭喜。还想和他拥抱一下，为了这一天，林海峰付出的实在是太多了。

当初高考因五分之差，林海峰没有考上大学。本想着复读再赌一把，但迫于家庭经济压力，十九岁那年，他选择了就业。虽然没有上大学，但是他一点都不气馁。在送别杜明去上大学的前一个晚上，他们买了很多啤酒，也聊到很晚。

离开时，林海峰告诉杜明，“哥，我一定会努力，会挣很多钱，也会成为像马云那样了不起的电商大亨。”

林海峰了解未来的茫然与陌生，但他不惧怕，他说只要敢想敢拼，就会成功。这是他的信念，也是他的生活支撑。不久，他在工地寻了一份活。工钱多，但很辛苦。为此他就拼命地学习，他买来了大学课本，下班后他就拼命地读。不管过去多久，他一直坚信“知识可以改变命运”这个真理。有几次，家人和杜明劝他换份轻松些的工作，但是他就是不肯。他得攒钱，他有自己的想法。

一年后，杜明才知道，林海峰攒钱是想跟朋友北上创业。可外面的世界太过复杂，而创业也并非一朝一夕能成功的易事。杜明支持林海峰的梦想，但也希望他多谨慎考虑再行动。

“努力了这么久，我等这一天快等不及了。”

林海峰自信地笑笑。他知道创业并非易事，但是，当决定了一件事就应该努力去争取一下，才对得起这个横冲直撞的青春，对得起自己的日夜坚持。

2012 年，林海峰做起了网购。一开始形势还算不错，一个合作伙伴负责货源，而他负责销售，销售的产品是一些衣服、鞋帽、配饰挂件、箱包之类的东西。生意做得越来越大，他也不再满足于只是在网上进行销售，林海峰告诉杜明说他想开实体店。而且他的朋友对这些都有经验，可以用很便宜的价格进到一些高质量的货，都是当时很热销的产品。

或许是努力了太久，也太过渴望美好的未来，当想法一确定，林海峰就开始干了起来。他在西城区租赁了一家 50 平方米的店面，小规模地进行了一番装修。但是，店面的租金和装修，雇员的工资这些要花很大一笔钱，为了使新店顺利开业，林海峰拿出了自己这些年攒下的所有积蓄。

勉勉强强，海峰专卖店算是开起来了。为了节省开支，有些搬运的重活都是林海峰自己动手。好在他之前在工地做过，搬运，熬夜加班，他都应付得来。只是当杜明再次见到林海峰的时候，他黝黑的皮肤越发黑了，脸色也愈发的憔悴，但是脸上的笑容一直都在。

杜明本想劝他放手，一个人可以有很多活法，只要对得起自己，对得起命运，干什么都无所谓。可看到林海峰一脸的决绝，杜明最终什么都没说出来。

满腔热血，怀揣梦想，然后持之以恒。林海峰想的就是这么简单。但追梦的路上，永远不可能一帆风顺，有的人会成功，而有的人却不得不去面对失败。

这就是人生，这就是命运。

2

2014 年，海峰专卖店已经摆脱亏损经营开始盈利，生意步入正轨。当一切都朝着良好的方向发展的时候，一场大火烧了他的货物，毁了他的店面，也烧尽了他的梦想。

那晚，西城区的二号路段，晚上十点左右，林海峰和周边的店铺一样停止营业。店员都陆续回家了，林海峰看着店里散乱的货物，便没有离开，想着将这些货物搬到后面的小仓库里再离开。

许是时间有些久，也累了，林海峰就随便找了个地方躺了会儿。没想到当他再次睁眼的时候，火苗已经烧到了架子的衣服上，他一着急，顺手抓起身边的东西想扑火。很可惜，他紧抓住的都是女人的丝巾，易燃物，林海峰有些慌乱了，紧抓墙角的灭火器胡乱地喷着。大火就是无法熄灭。林海峰哭喊着救火，可当时已经到凌晨了，好多店铺都早早关门了，又不在居民区。直到马路上有人经过并报了警，大火才被彻底扑灭。

事后经调查，发生火灾是因为囤货小仓库的非法改建，安装了充电器。当时林海峰的电动车正在充电，发生了故障，引发了这场火灾事故。他的命是保住了，但店里的衣物所剩无几。看着店铺熏得漆黑的墙面，想象着自己一路走来的艰难，他哭了。

他的梦碎了！

人们常说，成长就是一个不断失去的过程。因为失去太多，所以真的十分惧怕失去。但人变得成熟的另一种标志也许就是学会去接受，而不是总与过去针锋相对。条条大路通罗马，总有一条路可以带着我们去寻得我们的梦想。

路还很长，如果我们不能努力奔跑，就会成为别人的垫脚石。这世间，成功没有捷径，你要不停地去尝试，去坚持，才能发现那条适合自己，又适合梦想的路。弯路很多，但路终究还是要走的。只有走，才是人生该有的姿态。

林海峰破产了，准确地说是负债了。这场事故是因为他的非法改建，所以他获赔不多。毕竟要负担工人工资、供货商货款、房租，再加上装修所投入的十几万元，这些赔偿金杯水车薪。

除了一身落寞，他什么都没有留下。杜明担心他一蹶不振，经常去看他。可是没有想到，林海峰很快振作了起来。

3

“车到山前必有路，船到桥头自然直，我就不相信我就是那个扶不起的阿斗。”林海峰暗暗告诉自己。

2015 年，林海峰开始第二次创业。他准备做 ×× 专卖，而且也一直在收集这方面的信息。对比了多家品牌和品牌支持率，他比较看好 ×× 这个品牌，觉得很有前景。

可大家都说，现在成熟的品牌都赚不到什么钱。而且因供货问题，×× 的行情现在也不是十分稳定。想到这，林海峰有些犹豫，没敢立即决定。

一个多月后，他终于决定加盟 ××。并去泉州总部进行了实地考察，感觉各方面都不错，货真价实。就在他决定加盟签约的时候，又收到另一个朋友的信息，说品牌专卖，加盟费高，门槛也高，并告诉他，做餐饮业不错，投入低，成本低，收入却可观。

创业，是要砸钱的。他有梦想，有抱负，有很好的体质，可缺的就是钱。

面对梦想，他第一次犹豫了，最后以有事要处理为由，暂时不加盟 ××。两个月后，在当地又有人看好 ×× 品牌，并向对方提出了加盟的想法。可公司规定，为了保护加盟商的利益，一个地区只能授权一个加盟商。

×× 总部的招商人员给林海峰打了电话，希望他尽快做出决定，否则将失去加盟的最佳时机。接到这个电话他无法入眠，连夜赶回了老家陕西，跪在了父母的面前。希望父母能资助他，这么多年，他从未向家里伸手要一分钱。可这一次他真的没有其他的办法了。

尽管身边的人提醒他，这可能是招商人员的销售策略，但他仍然想试一试。××代理费虽然比其他品牌的高，但是店面不需要自己装修，还可以申请先供货后结算。这无疑解决了林海峰的经济危机。

很可惜，当这个店正式营业的时候，当初朋友所说的问题全都暴露了出来。供货不及时，以及滞留产品得不到很好的处理。虽说是老品牌，质量有保证，但款式并没有太大的改进与更新，如今的消费群体喜欢新潮前卫的产品。看着堆积如山的库存，他再一次蒙圈了。

他搞不明白，为什么总是找不到一条适合自己的路呢？到底哪一条路才是通往梦想的捷径？

一年之后，店面生意因经营不善，没能继续下去。

不久他又在朋友的帮助下，找了一份新工作。

4

坚持是一种人生走向，只要你还活着，还有一口气，你都不能倒下。多走几条弯路，只是在锻炼你的意志、你的体魄，为的是在找到正确路线时的勇往直前。

对杜明来说，记忆最深的就是去年林海峰在酒吧醉酒的事情。当从酒吧带走醉醺醺的林海峰的时候，已是凌晨两点半，路面上根本看不到人影。微凉的夜里，当所有人都进入梦乡的时候，却还有一颗心在深夜里游荡，茫然而又无助。偶尔几辆疾驰而去的出租车。没有人看一眼走在路边的他们，他们太过渺小，如这世间的两只小蚂蚁。

这是杜明最后一次见到他，后来因为工作的关系，杜明离开了上海去了深圳。两个人从此失去音讯，没想到多年过去了，那个熟悉的声音再次出现了。

就算全世界都抛弃了我，我仍要坚强地活着。我为自己而活，不为任何人。

这是他们五年后见面时林海峰的第一句话！

还好，老天爷并没有辜负他，而他也没有辜负自己。

你要找到自己，才能赢得未来

一个人不能没有梦想，梦想是石头，能敲出星星点点的火苗。尽管微弱，却能照亮人生的路，引你走向成功的彼岸。

1

柳岩从小就对服装感兴趣，喜欢潮流时尚。从初步的色彩搭配，到质地纹理、时代流行趋势、名牌大师、时尚名模，如数家珍。算一算，这份热爱她已经持续了五年。她喜欢画画，但她的父亲却让她去学习英语。因为学英语，将来好找工作，有前途。面对父亲的压力，她却从来都没有放弃对服装设计的追求。

看着电视中的服装秀，她便梦想着有一天，那些模特能穿上她设计的衣服参加模特大赛。她坚信，有朝一日，她定能像所有设计者一样，为设计而生活，为梦想而生活。

从大学开始，她就有意识地培养自己的颜色搭配能力，以及思维的创新能力，时刻为自己成为设计师而努力着。不仅父亲，身边有很多人质疑她，甚至嘲笑她，“谁都想做大咖，可你有什么资格啊？”她不气恼，也不反驳，默默地做着自己喜欢的事情。她知道自己想要什么样的生活，并为此坚持着。

多学，多问，多画。每次看服装秀，柳岩都会记录各款新时装的特别之处，以及自己的心得。因为某个另类元素就很有可能成为下一季时尚潮流的亮点。这么多年，她不管去哪里，做什么，都随身带一个小本子，只要有了灵感，便立即画下来。

在一次聚会上，她告诉我说，现在学校里很多同学都成了她免费的模特。她自己买布料设计、制版，然后在学校里进行销售。这样不仅有一部分收入，还可以了解到最前沿的服饰资讯。因为不出一两年，这些学生将会成为市场消费的主流，免费为她做宣传。

大学毕业第一年，柳岩就有了创业的想法。可一毕业就单干，这是一个很危险的行为。我很佩服她的胆量，但也难免担忧现实的残酷。而且当她将这个消息告诉父母时，父亲大为恼火，“一个小毛孩，你懂什么叫做生意？”而母亲也私底下劝她，“你还年轻，你根本不了解什么叫创业。何况，你仅凭自己对服装的喜爱，就想实现你创业的庞大梦想，那不是励志故事，是一个童话。”

父母和身边的朋友都劝她不要盲目跟风。其实柳岩很清楚，自己不是著名设计师，没有名气可以推广。一文不名，产品跟地摊货没什么区别，谁认识你，谁想做你的试验品？何况，做任何事都需要经验。对于一个初出校门的大学生来说，她缺少的就是经验和历练。

可柳岩懂得做人、做事都需要一步步慢慢来，更懂得努力与坚持，才能成就自己，赢得未来。

2

做服装设计？你没学过相关专业踩得好缝纫机吗？会打版型吗？会造型化妆吗？一个人开服装工作室？你的这件大衣配色没问题吗？款式、版型、做工，有何特色？地摊货吧？

当柳岩的处女作问世的时候，她受到了众人的非议。

不能否认这其中有很多质疑是出于善意的，但也有很多恶意的诋毁。这个世界本来就是这样啊，有一类人特别害怕你跟他们不一样，所以当你脱颖而出，便群起而攻之。他们怕你的另类，怕你的出类拔萃。现实很残酷，你是谁呢？如一粒尘埃，一吹，不见了，上帝凭什么对你照顾有加？

在这个世界上，没有谁可以告诉你怎么做就能成功。但你要知道，地上本没有路，走下去就有路了。而任何事情也只有去做了，才能在现实面前有话语权。

有时候，柳岩为了节省资金去买好的材料，一个人要多跑好几条街。回来的时候，为了节省路费，从不舍得去打车，都坐公交车，热，拥挤，能看到世间百态。同行笑她太死心眼，可她却不以为然。她了解自己，很清楚自己的每一次决定。而且做生意，不单单是喜好，要学会观察流行趋势，更要有敏锐的时尚洞察力，才能走在潮流的前线，而设计也不是整天坐在工作室里就会有灵感，你必须要将自己融入人群中，寻找流行的风格，独特的设计造型。

有一次，为了一条拉链，柳岩跑了无数个车间，一天下来饭都没顾着吃。但在找到那条拉链时，她心中的喜悦是无以言表的。她知道，这是一份蕴藏着梦想的职业，因为热爱，她才如此疯狂。

看着身边很多家服装工作室关门，柳岩有过担心，但做任何事都会有风险。或者说正是一份有挑战性的工作，才更值得赋予激情，为之努力。她坦然，但不固执，她告诉自己只要努力了就好，如果说真的因为个人能力的欠缺，而导致店面经营不善而关门，她也无怨无悔。人的一生，总要有些追求，不去折腾几下，也不甘心。

不否认，面对很多困难，柳岩想过放弃。可当她看到自己的一件件成衣，她又放不下了。一个人不能没有梦想，梦想是石头，能敲出星星点点的火苗。尽管微弱，却能照亮人生的路，引你走向成功的彼岸。

3

“我的理想是当一名服装设计师。我想用我的双手，独具匠心的设计去感染别人，去感知这个世界的美好。”很多年过去了，柳岩依然记得她在毕业典礼上发表的毕业感言。

梦，很美；现实，很残酷。

有一次，柳岩为隔壁吴阿姨设计衣服，下身为豹纹打底裤，上身为银色紧身羽绒服。当衣服成品时，柳岩开心极了。可当她兴致勃勃地将衣服送去给吴阿姨时，被阿姨给她上了一课。

“柳儿，衣服很漂亮，可你瞧我这身材。”说着吴阿姨转了转略胖的身材，笑得有些腼腆。

“我比较适合宽松的衣服，而你设计的衣服太紧身，我穿上会很不舒服的。尽管豹纹与银色搭配很潮，可视觉上太亮眼，并不适合我这个年龄。”

吴阿姨说得委婉，但柳岩知道自己又一次失败了。她沮丧地拿回了图稿，回到房间继续修改。过了吃饭的时间，她还在忙着修改。最后，柳岩将银色羽绒服换成了黑色羽绒服。打底裤脚的裤缝处，她用剪刀剪开，设计成V字形，这样可以分散吃瓜群众对粗腿的注意力。打破死板的直筒，增添了些活力。

一直到傍晚，衣服才完成。当她将衣服再次递到吴阿姨的手中时，吴阿姨满意地笑了。这个时候，她才发觉自己的肚子好饿。回去后准备吃饭，可一跨进房间，她又忙碌了起来。

有了一次次的小成功，更激起了柳岩创业的欲望。前期做了大量的准备工作后，2012年，柳岩服装工作室正式成立。

忙着学习，忙着宣传，以及前期的市场调研。对于26岁的柳岩来说，已经是一种考验。可事实上，对于工作室的健康运行，最重要的却是销售。你一个刚毕业学生设计的产品，卖给谁？没实力开订货会，谁了解你的产品、你的设计理念？

刚毕业那会，柳岩听从父亲的建议，先去打工解决了自己的温饱问题，也学到了很多生产一线的知识。打版、跟单，接触到了各方面的知识和资源。做几年攒够资本，最终必然是水到渠成。父亲说得没错，罗马不是一天建成的。什么事情都要一步步来，显然，为了今天快点到来，她历经了一段漫长征途。

一路走来，柳岩明白了很多人情世故和道理。尽管她知道做设计师其实很辛苦，并不像外界看上去那么风光。而且她听身边的人说，现在有很多做服装设计的都转行做平面设计了，但做平面设计的却很少转服装设计。因为平面设计的技能相对单一，而服装设计需要学会画手稿、制版、电脑操作。二者的难度系数，不可同日而语。

因为父亲的反对，她一直没能接受过正规的画画训练；对于制版、缝纫，则问题不大；而电脑操作对一个大学生来说，也不是什么大问题。而且她自始至终都相信，如果你时刻保持求知的欲望，全世界都会帮助你的。

这一路走来，有支持，自然也有反对。很多年之后，她告诉我，其实做任何事情，最困难的不是条件不足，经济紧缺，而是你是否有一颗坚持的心。你要找到自己，懂得内心真正的需求。才能找准方向，大刀阔斧地为之努力。事实上，很多事情，你坚持了几年，没有大红大紫的成功，它也会给你积累到大批的人脉和物质资源。

这也是一种成功与沉淀。何况，这世间有哪一种成功是不需要努力与坚持，就能轻易得到的呢？

4

人无志而不立！

很多人都喜欢说，没有梦想的人跟咸鱼差不多。可事实上，如今的互联网时代，咸鱼早就因梦想翻身了。机器人取代了人类越来越多的工作，那你还在等什么？等着喝西北风吗？

要相信，你若绽放，蝴蝶自来。你想抵达远方，现在就得起航。努力将脚下的步伐走成花开的模样，奔赴未来，梦在等你。

你是优秀的，定能遇见更优秀的人

任何一款悲伤，都会被时间冲淡，事实上，冲淡的只是那份心情与守候。假如每一场爱情所赋予我们的悲哀、痛苦、失败都是假的，那该多好?

世间，有很多的虚情假意，可偏偏自己的那一份却总是真的。对于此刻的谢静来说，离开是给这份爱的最好选择。而且不管在哪个国度，她都能想起窗户上那个飘荡的风铃，风声起，铃声清脆而又婉转。

有人说，爱情就是一场游戏。它将一个个陌生变成了熟悉，又由熟悉变成了陌生。彼此熟络到可以睡在同一张床上，可当分手时却说，我觉得你越来越陌生。这是一种危险的游戏，但时间会让你了解爱情，它如水般，能够证明爱情也能够推翻爱情。它就像一剂调和油，可有可无，生活总能围着生命的轨迹，嘎吱嘎吱地走下去。但这段记忆谁都擦不干净。

而最深最重的爱，必须能与时光绵延，和时日一起成长。

1

谢静五年前选择离开，怕离别太伤感，她只身一人走进机场。她担心舒默知道自己的决定，而不肯去美国读书。所以选择先离开了。在人头攒动的候机室里，她好似看见了那个喜欢穿黑衣夹克的舒默，在远处东张西望。

或许她是希望自己也能回头吧？要不然那个人定会奋不顾身地追随自己去流浪，可爱一个人就要让他得到幸福，而自己也要努力地活下去。如果在最好的时光里，彼此还能相遇，那就再续前缘，谈一场势均力敌的爱情，这是最好的结局。

谢静从小就知道自己与别人不一样，她患有先天性心脏病，一不小心就会让她痛苦不堪。不能激动，不能去游乐场，不能淋雨，甚至不能像其他的孩子一样出门去参加夏令营，就连跑步、踢球都要很小心。生活中的一切她都能管好自己，保证很小心，但她却没能管住自己爱上那个人。

在广东，谢静一直在辛苦工作，业余写着自己喜欢的文字。很多读者都说她的文字刀光剑影，有嚼头。可对于她而言，心存梦想，做着自己喜欢的工作，这样的生活才有味道，才有嚼头。在公司，她开始努力地工作，她告诉自己，就算生活再难都要学会坚持，过去的终将过去，该来的你挡也挡不住。生活还得继续，还得前进。

五年过去了，谢静仍然记得舒默说的那句话，“只要有你，我可以没有孩子，可以为你放弃出国留学。”但谢静知道，自己不能这么自私，更不能用爱的名义，困住这个人梦想的翅膀。这对他不公平，对他的亲人也不公平。

但舒默的那份渴望却激起了谢静活下去的欲望。她听从医生的决定，开始了心脏康复之路。她想象不久的将来，她的世界应该能与常人一样，绽放光彩。想象着那个骑着白马的男子正朝着她奔过来，款款而深情。

所以，遇到再多的问题她都不怕，在人生最孤独的那段日子，她都能始终保持心中那份爱。她养花，养猫，等待数载从未放弃过。

在曾任性的时光里，她一直认为爱是占有，是任意妄为。后来才发现，爱不过是站在对方的身边，再远都无所谓。

2

我们经常看到有人喜欢在朋友圈抱怨发牢骚，说不想将年轻的时光都浪费在工作上，要将生命浪费在美好的事物上。可是除了抱怨，你还有什么？有钱吗？都说谈钱庸俗，但是没钱你就会变得更庸俗，经济的困顿，会让你思维窘迫。因为你什么都没有，什么也不能考虑，包括梦想或者人生。重点是你过不上你想要的生活。这是一个很现实的社会。

正如谢静所想，认真工作，才是年轻时最好的生活。所以她一直很努力，大学时每个周末她都会去木马咖啡馆，给人家端茶倒水当服务员，一天 70 块的工钱。后来我们都毕业了，谢静去了广东，离她而去的还有那段相互迁就的爱情。

在这座城市里，有很多像我们这样的人，像尘埃悬浮在这个冰冷的森林里，享受着窄窄的一片阳光，在固定的轨道中前行。遵循着日升日落的自然常态，肩负起那一点点自己的责任。其实，我们都是小角色，无法左右世界齿轮的转动。但我们可以成为最好的自己。

“我们都是小角色！”

毕业五年的第一次见面是在木马咖啡馆，她曾工作的场所。透过咖啡的香味，我说得有些失落。

“小角色，也有大梦想。”

“我依然遗憾为什么这辈子没能牵到他的手，但我不后悔。”

躲在星巴克，我们喝着咖啡，谢静好似成熟了许多。头发已经变成了直发，画着淡妆，散发着优雅的气质。言语浅淡，虽有不舍，却终于懂得放下。

面朝阳光，心之向阳。记忆里，舒默父亲逝去的那几天里，舒默一直住在谢静母亲的房子里。谢静的母亲早年与她父亲离婚，除了这栋房子外什么都没有给谢静留下。谢静决定治病的时候，她曾一度想要卖掉这房子，但最终没舍得。

这栋屋子很大，晚上很冷，谢静就会来陪舒默聊天，然后一个人回去。舒默偶尔会骑车带着她，穿过几条街巷去上学。本是看好两个人未来的舒默母亲，后来不知道在哪里听说了谢静的病情，便再也不让两个人来往了。

“这是一个很现实的社会，一个身体很差的媳妇你会要吗？”

说着谢静傻笑几下，呆看着手中的咖啡，人生太多不易，唯有努力向前奔走，才能找到方向。“但我也会勇敢地活下去。”

“其实，爱情里如果没有遗憾，又怎么体会和风细水，岁月长留。”

“我恨过上帝对我的残忍，但我还没有颓废到放弃。我心疼舒默的隐忍，我选择放手是为了成全他的亲情，但我依然会努力，拼命学习，努力工作。时间会善待我所有的付出，我一直这么坚信着。”

一生这么短，当你足够好，运气才会来。当我足够好，才有资格遇见更好的人。有些人的遇见终究是一种遗憾，就是在他们全身而退的时候，你依然可以活得很好。这是收获，也是成长。

3

五年后，谢静第一次回北京老家。

大街小巷，人还是这么多，天空还是这么清澈。记忆里北京的早上可以听到的鸽哨声，一群鸽子在阳光下飞过去，阳光照得她有些眩晕。想念槐树下听着爸爸的二胡，喝着老茶，想念父亲的责备以及那川流不息的人群，还有那个他。

谢静没有见到舒默，听朋友说他最终去美国了。她离开了，这个地方没有什么值得他留恋的。总说天下难的都是父母心，为了阻止一场他们自认为没有结果的爱情，用了各种手段让舒默不得不乖乖地坐上了飞往南半球的飞机。其实真正的爱，是根植于内心的一颗朱砂，不离不弃。

谢静试想过很多回来的原因，事实上父亲已经去世，这个城市也没了她所留恋的地方。但是她还是回来了，算是为了工作。将那串记忆的风铃挂在老屋前，跟过去的他说一声再见。

走在熟悉而又陌生的路上，远处不是翩翩少年，还能有谁？这是言情剧里的剧情，谢静纳闷。他怎么知道自己回来？又怎么知道她走在这条彼此曾经无数次走过的路上？

时光好似在那一刻停止！

原来五年的变化可以这么大，少年不再是那个不羁的少年。挥手的瞬间，眼中似有万语却都在不言之中。成长是生命中必须经历的，在广东，谢静幻想了很多种相见的情景。至少自己该打扮打扮，要不来点痛哭流涕煽情的画面，可惜时间就这么停止了。小说里的那些相遇场面都没有出现。

想象着舒默曾说过的话，“以后我要将你所有生气的照片贴满墙，这样当你看到自己生气的丑样子就再不敢生气了。”想到这，谢静放肆地笑了。

“嗨，原来你还在这！”

一句话，回忆一下子拉近了彼此的距离。

在那个阳光灿烂的早上，走在川流不息的人群中，彼此轻描淡写地聊着已经走过的日子。尽管许久未见，却好似昨日刚见过一般。彼此寒暄了几句，然后分别，没有说再见，再次相见或再也不见，这是个暧昧的词语。

没有想到一个小时后，在CBD国贸写字楼里他们再次相遇。舒默的英文名字叫Arthur，是新瑞集团在北京的负责人，而谢静的身份却是广东的苏沫儿集团的执行总监，他们作为公司的代表来这里谈两个公司合作的方案。双方合作的切入点是通过建立合资公司这个平台，开展相关车辆燃气化技改及延伸业务。双方合作目的很清楚，开拓新的市场，培养新的业务增长点。

因为对方名单上写的是舒默的英文名，当谢静见到舒默伸出的右手时，“你好！”两个字在她的口腔中停留了一秒钟。但也只有一秒，她是一个工作狂，自从她的病情有好转时，她对工作更是卯足了劲。

双方谈得很愉快。

4

夕阳下，一杯清茶述说着时光的荏苒。

在分别的日子里，舒默恨过谢静，恨她的不辞而别，甚至整整五年他都没有给谢静一个电话，尽管号码在手机里输了无数遍，最终都删掉了。之后，舒默也谈过几个女朋友，但都没有结果。

对面的舒默还在说着，想大肆渲染一下没有眼前的这个女人，他的日子是如何快活。而谢静就这么安静地看着他，目不转睛。然后舒默就不再说话，沦陷在了那一潭温柔里。

“可我就是忘不了你！”

我们一直坚信这个世界还有很多事情，值得我们一如既往地去相信，去期待。

瞧，在最美的时光里他们又相遇了！

第三章

即使生活再艰难，也不轻易向困难妥协

职场本是优胜劣汰，

谁都不是永远的主角。

但只有努力，

才能真正把握自己的命运。

你的生活，别人没资格指指点点

人生，如花绽放，会有低潮，也会有纷扰，但一个懂得生活的人仍会温柔地坚持。

谁年少的时候没有做过“公主梦”呢？

它并不是林心如、赵薇这些明星的专利，也是普通女人的肥皂泡。只是，绝大多数女性都出身普通，在琐碎的柴米油盐中生活。因而，不如重新铸造内心，打造出自信不灭、气场强大的女王心。

让那些指指点点的人，一边待着去。

相信，努力者，世界都给你让路。他们嘲笑你，是因为惧怕你的改变。

1

出身贫寒，不是谁的错。我们只有带着不堪回首的过往，哪怕是置于绝望的境地，我们都必须要为自己的选择负责。这就是敏月，她的童年没有父母，从小与外婆一起生活。她从记事起，就知道母亲爱赌博，每次她都偷偷拿家里的钱出去赌。地里的农活也不做，都是外婆一人帮衬着做完。

父亲在外打工，拿回去的钱，很多次都被母亲拿去赌了，每次都所剩无几。有一次母亲将给外婆治病的钱都拿出赌了，一夜间全输了。母亲无脸见人，跳河自杀了。从此，父亲病倒了，越来越严重，次年父亲也去世了。这一年外婆已经七十三岁。

敏月，很聪明，成绩很好，很可惜考上了大学都没上成。外婆老了，需要人照顾。家里的开销，看病吃药都需要钱，家里根本没有多余的钱供她上学。拿着录取通知书，她笑着对外婆说，外婆，我不想上学了，一上学，我头就疼。

年迈的外婆自然知道个中原委，但她也没办法给孩子做些什么。

想象一下，你以为手上的股票已经跌到地板，说不定那地板下面还有个地下室。人生境地没有绝对的绝望，只有绝望的人，可就是这样的命运，敏月硬是一手逆转了。

2016 年，通过自己的努力，敏月最终成了服装设计师，并拥有了自己独立的工作室。做自己想要做的事情，过自己想要的人生，多好。其实连她自己都不曾想到，她也能站在众人瞩目的位置上，成为光鲜亮丽的主角。

2

敏月在酒吧卖过酒，在超市做过营业员，甚至做过车模。只要能挣钱，不违背良心，她都会去干。在很多人的眼里，车模，风姿绰约，衣着暴露，有伤风化。既然一时难以让人闭嘴，那些非议就随他吧。敏月曾这样告诉自己。接下来的时光，学会淡定更努力就好。

“你必须非常努力，才能看起来毫不费力。”这样的道理谁都懂，但做起来却不是那般容易。我见过她一身旗袍，风姿绰约的模样，可谁能想到，此时的她还是一名商场钟表专柜的售货员。都说她的阅历丰富，生活精彩，而外人又怎知道她一个人的辛苦。

为了多一点收入，她需要一整天都保持着微笑服务顾客，疲惫而收入低微。偶尔参加一个汽车展览会，才会增加一些收入。而外婆年岁大了，身体大不如从前，看病吃药，还有自己上补习班都需要钱。

从销售员到车模，从补习班到外教老师，她从未放弃对自己的雕琢，将自己塑造为一个强者的模样。尽管她更喜欢做一个小鸟依人的小可爱，她也做过无数次“公主梦”，想依偎在父母的怀里做一个小公主。梦想很美，现实却很残酷。她知道，一个人只有活着，才能跟生活叫板。也只有努力地活着，才值得拥有更好的人生。

尽管做车模穿着暴露，难免会有人在背后，或者在外婆面前说东说西。可敏月认为自己没有做什么见不得人的事情，车模也是份正当的职业，并不是别人口中“伤风败俗”的事情。况且，这是自己的生活，别人也没有资格随便地去指指点点。

在一次次展览会上，敏月感受到了服装艺术的同时，她发觉自己越来越喜欢服装设计，并发现了布艺的生命，为此她特地报了服装设计补习班。

每次从补习班回来，她都喜欢站在窗外的木槿花跟前，安静地待会。坚强的花儿，每一次凋谢都是为了下一次更绚烂地开放。就像太阳不断地落下又升起，就像春去秋来四季轮转，却是生生不息。而她的人生也是，努力，是为了更美的绽放。

人生如花绽放，历经低潮与纷扰，但一个懂得生活的人仍会温柔地坚持。因为他们明白，岁月不会亏待任何一个人，起起伏伏总是难免；因为他们一直坚信，坚持是为了更好的开始。

3

23 岁那年，外婆去世。她陷入了孤立无援的地步。在这个偌大的城市里，连一个可以分享声音的人都没有。此时她就像冬日里墙角边的那株木槿，孤苦无依。

不久，她经一个补习班老师介绍，只身离开家乡去往苏州，她一心报考苏州一家设计院校。第一次因为没有经过正规学校学习，考试未通过。很快她和朋友在学校旁边租了一间地下室再次复习。整整一年时间，补习班、宿舍，两点一线，生活单调而又艰苦。为了专心复习，她辞去了工作，车模兼职也不做了。敏月断了自己所有的退路。

第二年，她终于如愿以偿地考上了那家学院。为了生计，她每天放学后在一家培训机构给一些孩子补课。几十块，几百块，她从不放弃任何一次学习和挣钱的机会。

知道自己还可以去读书，去做自己喜欢的工作，她喜欢这样的生活模式。苦点，没啥；累点，也没啥；穿着普通，更没啥，我的梦很精彩，就好啦。

经过三年的苦读，最后她进入一家服装工作室。刚进去，虽然不是设计师，但她一直认真做事，而且，以前兼职做车模，认识很多车行，她便主动与对方沟通，让车行在举办展览会的时候，可以用他们设计的衣服。设计室规模的日益扩大，也会有小规模的模特培训，不仅为展示本工作室的新产品，也面向社会服务。这是一个连带产业，很有发展远景。

认真设计，耐心疏导，对每一次的订单，她都会全心投入。那一日我们遇见，她告诉我，她想去法国巴黎，这是很多设计者的梦想，她渴望着有一天能去那里，寻求更美的梦想。眼前的敏月早已褪去了当初的稚嫩。但我知道，在那一抹微笑中，外人无法体会她这一路走来到底经历了怎样的风雨，这都不重要。只要敏月知道她想要什么就好。我相信结局不会太坏。

离开的路上，她给我讲述了求职时发生的一件小事情。

有一日，敏月在叶挺路碰到学妹聊了一会儿。说前几天参加一场面试。准备了自己最合适的正装，还跟朋友借了一条丝巾，出门前精心收拾妥当。

此时，她的一个室友不屑地说："何必穿得这么正式呢？你能力好，穿得再随便也会录用；能力不好，穿什么也没有用。你

看 ×× 学姐回学校演讲的时候，不也是穿着休闲外套和牛仔裤吗？”

面对我的安慰，敏月淡笑着，“学妹说得也对，那种嘲讽的口气和不屑一顾，对于很多人来说可能会不舒服。但这样的人，这样的事，每天都在发生。事实上，你也没必要放心上。我过的是我自己的生活，也只有我最了解自己想要什么样的生活。”

生活中总是有一些无聊的人，喜欢不负责任地评价别人和指指点点，嘲笑别人的努力，贬损别人的梦想。我们无法制止他们的行为，但是，我们可以通过自己的努力，让他们闭嘴，我的生活，你可以指点，但不可随便指指点点。

我们也可以通过努力，骄傲地对别人说，你指指点点，我也不怕。我会将这些苛责变成动力，将人生活出最美的姿态。

人生中快乐带给我们愉悦，痛苦带给我们回味，真正的快乐我们很难记起，但痛苦却往往难以忘却。既然痛苦不可避免，我们又无法抗拒，为什么不学会面带微笑迎对痛苦的来临？

时间会告别过去，痛苦会告别回忆，学会接受，学会忍受，学会珍惜。这样的人生将会更加美丽，平和的心态胜于一切。

你要学会勇敢地去飞

每一种境况，我们都应视为对自我的考验，都是人生的修炼。学会绝处逢生，大不了勇敢去飞，总有属于你的一番天地。

人生的修炼就是要修自己，能够适应在不同境况下去生活。无论处在任何环境和状况下，都能够坦然面对，万不能因为环境的改变而影响自己的情绪。所以，逆境的时候意志要坚强，失败的时候更不可轻言放弃。

每一种境况，我们都应视为对自我的考验，都是人生的修炼。学会绝处逢生，大不了勇敢去飞，总有属于你的一番天地。学会微笑着面对，不要总去抱怨生活给了我们太多的磨难。因为当我们走过世间的繁华与喧嚣时，你就会明白，为了让你变得圆满，所以人生才不会太圆满。

向阳最喜欢挂在嘴上的话是，你谁啊？凭什么上帝会对你好一点？

1

当向阳来到这个世界上时，他就知道自己跟别的孩子不一样。他患有先天性小儿麻痹症，因此他从不出门，没有朋友，甚至对外界充满了恐惧。向阳的父亲很担心，经常开导他，尽管他的腿不能像常人那样活动自如，但他依然可以心向阳光，活得快乐。其实向阳这个名字也是这么来的。

不久，向阳到了上学的年龄。坐在轮椅上，他对未来充满了向往。他希望这个孩子们的世界能接纳自己，他一直渴望能有很多朋友。很可惜，迎接他的校园生活没有他想象那般美好。

学校里有很多调皮生，他们经常欺负向阳，例如掀翻他的轮椅，弄坏他的刹车，很多时候，其他同学都走了，而向阳却在教室的某个角落一边哭泣，一边慢慢组装被同学拆散的轮椅。后来，向阳进了高中，但他的境况仍然没有得到多少改变，他还是时常被同学欺负、捉弄。有一次有同学将他的轮椅放了气，所有的学生都回家了，而他只能一步一步推着轮椅往回挪。当他到家时，面对家人焦急的目光，他哭了，哭得绝望。

想着自己一次次被折磨、被侮辱的情景，他曾号啕大哭，这样的日子什么时候是个头？他活着还有什么意义？他想到了自杀。所幸被父母及时发现，阻止了他的愚蠢行为。

“你必须勇敢地面对一切，别人可以看不起你，但你不能看不起自己。”

“当你无路可走时，你要学会勇敢地去飞。”

在父母的劝说下，向阳放弃了自杀的念头。努力学习的同时，他开始主动地去约见他的主治医师，不断地变更康复治疗方案。他要站起来，给自己的人生一个交代。

2

时间从不让我们学会从容，学会准备，就这么大刀阔斧地杀了过来。18 岁那年，向阳高考落榜，这犹如一个晴天霹雳将他打入了十八层地狱。他痛哭了一晚上，他急切地想要证明自己，可老天却无情地给了他一巴掌。

那一刻，他觉得辜负了老师的期望，辜负了父母的辛苦付出。甚至觉得人生就是一片黑暗，他看不到希望，甚至觉得当初辛苦地锻炼自己的右腿，勇敢地站起来，是一个非常错误的决定。一个人如果不能成功，那么站起来有什么用，还不是跟那些懦弱的人一样失败。

为了安慰他，父亲特地下厨给向阳熬了鸡汤。

喝着熬了一天的鸡汤，向阳的心情平静了许多。他似乎也在瞬间明白了一个道理：做人就得像这鸡汤，虽然身体受损，但仍将最美的味道溶解在汤里，终不改其志。尽管自己没有考上大学，也没找到工作，但这并不代表自己没有能力，只要不改其志，终有一天会受到别人的赏识。

“一切，顺其自然吧！”

好多年之后，向阳还记得父亲的这句话。或许也正是经历了那么多的沧桑与变迁之后，才明白所谓顺其自然并非代表我们可以不努力，而是努力之后我们有勇气接受一切的结果。认真、执着，只要你具备了这世间最具力量的两种武器，世间便任你遨游。

有一次他出游去南京，在路边遇到一位奇人。对方是一个断了双臂，用嘴咬着毛笔写字的路边艺人。看着苍劲有力的笔锋，大家无法想象他是如何练习书法的，更无法想象一个没有手臂的人是怎样生活的。但有一点可以肯定，他脸上的笑容很灿烂，那是一种自信，是面对苦难时的那份执着与坚定。

离开后，向阳特地买了那人的两幅字，透过那幅字好像能看见那人认真写字的模样。在那一刻他终于明白，你想成为什么样的人，想走什么样的路，全都取决于你自己。你的人生，你自己负责。

毕业后，向阳从未放弃过学习。身边有很多人默默地支持他，但也有很多不屑的目光，唠叨着穷人家的孩子如何命贱，注定一辈子也无法脱离穷困潦倒。做这些都是在做无用的挣扎，浪费了时间，也浪费生命。

面对众人的非议，他有过愤怒，但很快冷静下来。人生是他自己的，他得为自己的人生负责。他利用大量业余时间将大学课本，完完整整地读了好几遍。思考，练习，复习，最终参加了成人考试。第二年考到了苏州大学计算机专业学习。毕业后，他去了广东做了自己喜欢的 IT 行业的工作。

其实，当一个人一旦遇到绝境，就多了一种重生的希望。所以说，人生路上没有绝对的绝境，只有绝望的人。你只要坚持信念，勇敢向前，总能看到太阳。

人生远比我们想象的更为残酷，无路可走时，你一定要学会勇敢地飞，才能活出自己的一片天地。这是比死亡更有意义的活法。我们还年轻，怕什么来不及。因为年轻，总有无限可能；因为年轻，所以无所畏惧。在向阳的身上，我们看见了那种心向阳光，倔强生长的模样。

这应该就是青春最好的姿态！

3

第一次，向阳带女朋友青林回扬州老家。

坐在咖啡厅里，透过落地窗，看着熟悉而又陌生的街道与人流，他那张棱角分明的脸上，阳光柔和而又温暖。

“曾以为，我这辈子再也不愿意回到这个让人一夜长大的地方。”向阳喝着咖啡，一切好似都刚刚好。

“不过，我还是回来了。不为别的，只为了看看起跑的地方。如果不是那一年的落魄，我也不会有今天的成绩。会跟同龄人一样混日子，娶妻生子，终老一生。”

一个小房子，一辆小车子，有两份工作。他告诉青林，这些都是被逼的，没有品尝过一无所有时的恐惧，也不会懂得一切圆满的来之不易。两份工作，一份赖以谋生，一份是备份，以防万一有天失业也不至于无路可走。

是啊，我们时刻被生活所逼，逼迫自己努力，靠近自己想要成为的那个人。万物在变，这世间没有什么是一成不变的。然而，当我们无路可走时，应该学会勇敢地去飞。飞出绝境，探索一个出口。这出口之外，是更广阔的天地，更灿烂的阳光。

所以，当感到人生陷入困境的时候，抬头看看上方，那里还有一片希望的天空。人生的状态是立体的，多维的。只有你放弃的时候，才真的是被逼上了绝路。

……

青林不说话，她知道这是一段漫长而又艰辛的故事。

还记得那天晚上，向阳一个人看电影《当幸福来敲门》，看着看着就哭了。他给青林打了电话，没等青林说上话，他就在那边唠唠叨叨地说开了。他告诉青林说看这电影，简直就是在看自己。

两个人就这么聊着，一直到深夜。第二天，他依然精神饱满出现在公司的门口。他知道人生还在继续，只有不断地坚持与努力，才能成就最好的自己。只要有梦想，你就与众不同。

可事实上，故事到这里并没有结束，而是刚刚开始。2012年，向阳开始了他的演讲生涯。在演讲台上，他声音洪亮，目光如炬，用最真诚的话语激励着成千上万的年轻人。他要用自己的经历去唤醒那些在困境中挣扎的年轻人。

无论你认为自己多么地不幸，在这个世界上永远有比你更不幸的人。无论你认为自己多么地成功，在这个世界上永远有比你更强大的人。停止抱怨，告诉你，抱怨也没用。不幸与痛苦都是生活的标准配置。在未采取行动之前，千万不要对自己说“不”。就像向阳，没有健全的双腿，照样能够周游世界。

人生充满了荆棘，况且，这世间没有一个人的人生是一条平坦的大道，如果你不学会勇敢地飞，那你就只能等死。那时，所有的一切还有存在的意义吗？

答案留给那些正在人生路上打拼的人。

与其犹豫不决，何不放手一搏

你要相信，你会被世界温柔相待，幸福只是迟到了，它不会永远缺席。

喜欢在安静的傍晚，摒弃城市里的一切喧嚣，沉浸在宁静而祥和的夕阳里，聆听一些至纯至美，心灵的声音。欣赏着窗外若隐若现的星光，让内心渐渐滋生出一份名为浪漫的心境。

或许，这才是快乐，一种真正贴近自然的快乐。

远远地，茶韵轻扬，灵动的拇指轻落于键盘，弹唱出朵朵芬芳。此时，所有的过往，癫狂的记忆，竟是这般地风轻云淡。

而故事就开始在这样一个温暖的季节里，前世注定的秦雯与安歌，谁也没有早一步，或晚一步。遇见刚刚好。

1

2012 年，因公司发展需要，秦雯去了昆明，在那个四季如春的城市开发市场。说是叫升职前的历练，事实上是一种抛弃式赌注。如果你闯出一片天地，公司便将你调回总部，让你的努力，打下的市场，为别人做了嫁衣；如果工作毫无起色，在静默中沉沦，你便成了扶不起的阿斗，悄然在销声敛迹。

这个时候，安歌出现了。他们就见过一面，在昆明最大的城镇研发市场讨论会上。安歌说在见到秦雯的第一眼就爱上她了。

秦雯告诉过他，自己未来不一定会留在昆明。如果回到上海，那他们就将相隔数千公里。而她自己也一直犹豫，担心对方的出发点，或许只是想拿自己当寂寞时的消遣。

秦雯是个真性情的人，可未来如此飘忽不定，工作都不稳定，又怎么谈情说爱？为此她一直不敢接受安歌的情感。但她发现遇见安歌的时候，她的整个天空都亮了。好似此刻才明白，这么多年的停停留留，只为寻找那一双温暖的大手。可她害怕辜负，也害怕被辜负。比如她的工作，她的人生，一切都没有定数，谁能承诺谁的明天呢？

职场上，秦雯是公认的好人。安静，没有野心，安于现状，唯一的愿望就是年假能多休几天。不久后，因为内部矛盾，营销策划部被公司分成了两个单列部门，策划部和销售部。

对于新的负责人，高层领导斟酌了半天，最终选中了秦雯。

她不隶属于任何派系，不会激起太大的矛盾。更重要的是，她多年默默的努力，大家都看在眼里。乱世出英雄，领导也希望给她个机会，让她这么多年的努力得到证明的机会。

2

赶鸭子上架，是一种被动，却也是一种机遇。

秦雯并不乐意被推到前台，但她没得选择。新部门的工作并不好干，既要像浪尖上行船一样有高超的平衡技巧，还要懂得为人处世，圆滑的技巧拿捏得当。

犹豫，是折腾人的东西。秦雯害怕自己做不好，成就了别人的事业，还被说成扶不起的阿斗。一方面又很庆幸，多年的努力没有白费，这次终于可以崭露头角，大干一番。

但是这个世界不可能等着你长大，而机遇也不可能永远给你留着，事实上，对于虚无缥缈的未来，你根本不可能做好完全的准备才上阵。时间等不及，世界等不及，时光等不及，你的人生也等不及。

任职前的一个星期，秦雯做了大量的准备和规划。人生是她自己的，她得对自己负责。渐渐地，工作做得越来越顺手，她发现原来那些看起来很难的事，拆分到每一天处理，也就过去了。遇到不懂，难以协商处理的问题，她都会以谦虚的姿态去请教两个部门的元老们。

不管是善意的还是恶意的回应，她都一副认真倾听的样子，尽管她知道这里面不免有人想看她的笑话,故意乱报数据算计她。

但她从不放在脸上，对每一次各部门提交的资料、数据，她都会进行审核。有时候她还会亲自去现场调查，以求资料的真实性。这样几次三番地下来，那些针对她的人，反而弄得不好意思了。

不出一年，她竟然将部门的业绩提升了五个百分点，让好多人都大跌眼镜。

时间的沉淀，给了她自信与勇气。不信天，不信地，秦雯选择信自己。她曾自信地说，我还年轻，折腾折腾也好。可在昆明待了五年，她依然想回家，想待在亲人的身边，诉说着儿女情长。可生活中有太多的不得已。就像她当初来昆明一样。

那天，秦雯与安歌吵架了。

“请不要和我说只要放正心态，在哪儿都是家。怎么能一样？”

搅拌着杯子里的卡布奇诺，秦雯一脸的幽深。心形奶泡被一勺一勺划开，带着恶狠狠的味道。

“站着说话不腰疼！”

对面的安歌笑笑，安慰着她，“是啊，怎么能一样呢？但凡受过苦日子的人，绝对不会说出这样的话。”

可秦雯比任何人清楚，如果离开昆明回到总部。那她就必须放弃这么多年她在这里辛苦打下的一切。她很犹豫。

3

自从父亲病重之后，秦雯再次将回总部的意愿提了出来。可此时公司正有一个项目在关键时期，因此回绝了她的提议，并承诺她以后不用坐班，只要将工作做好，休假的时间由她自己定。

她有些愤怒，想直接走人，但这不是她做事的风格。

当初为了生活，秦雯硬着头皮扛下了昆明试点策划总监的担子。部门里每个人都卯足了劲，都希望在这次试点项目中崭露头角。

如果她就这样离开，对大家对自己都不公平。

可在出租房里你永远找不到家的感觉，因为它随时都有可能被房东收回。房子对一个人的意义不仅仅是睡觉这么简单，它更是我们用来安放我们身体和灵魂的温暖角落。是家，寻求温暖的地方。她有些犹豫，茫然。

深夜，秦雯与安歌结伴行走在回家路上。凛冽的寒风吹在他们脸上，听着风吹过沙沙的声响，他们将外套裹得更紧。

安歌抬眼看着皎洁的月光，对着秦雯一脸的微笑。

“你要去相信，这世间没有到不了的明天。”

明天？

在这偌大的昆明城，还没找到真正属于自己的家，也没找到男主人。忙碌只是为了让她知道，自己还活着。而对于安歌，秦雯也不知道他是不是自己要找的那个人。之前笃定地要找理工男的梦想，如果接受了他，梦想就算是破灭了。

她不知道未来该怎么选择，未来的那个人该怎么选择。面对眼前的温柔，她一直犹豫。或许此刻才真正决定，与其如此犹豫不决浪费彼此的时间，不如放下戒备，去谈一场不讲“利益”的恋爱。

带着青春，我们总是被动地裹挟着向前。尽管我们不喜欢匆忙，不喜欢被人赶着走，只是怕不入流，害怕会被后来者的滚滚浓烟呛死，要不就被后者拍死在沙滩上。

秦雯究竟是想去一个繁华的沿海城市，寻找一份快节奏的生活，还是偏安一隅，享受这里的风和日丽？是应该继续笃定寻找一个理工男的信念，还是抛开顾虑，大胆接受安歌？生活中太多选择，而秦雯简直快要被这些矛盾和纠结，扭成了麻花。

她想了很多，也权衡了许多，最终她决定留在昆明，就像她觉得将安歌留在她的爱情里一样。尽管大家都说海南的空气指数最好，但昆明也是四季如春，母亲喜欢种花，秦雯喜欢看母亲笑。而且这里有她的梦想。

其实安歌是上海人，秦雯不知道他对于昆明是不是只是一个过客。但不可能事事都完美，与其犹豫不决，何不放手一搏？这至少有一半的希望。努力争取了，对自己的青春也好交代。

4

2016 年父亲去世了，母亲也被夺去了一半的生命。这辈子他们总是相互搀扶，忽然间少了一个人，搁谁谁都受不了。母亲突然间的颓废，给了秦雯很深的打击。母亲甚至将家里一院子的她最喜爱的花草都送给了江宁区的慈爱福利院，而以前有人曾有意愿想跟她买，她都没舍得。

秦雯搞不懂。一日晚饭间，母亲告诉秦雯，“我这一生，在这花花草草上花费了太多的时间。如果能将这些时间加起来，陪你父亲出去度个假，那该有多好。唉，来不及了，来不及了。”

来不及了，是啊，未来的事情本身就是无法预知的，如果你犹犹豫豫，就真的来不及了。

想到这，秦雯吓坏了，她也怕来不及。

一个月后，她将母亲以及那一大院落的念想全部带去了昆明。开始了一段轰轰烈烈的人生征途。这里当然包括安歌。

不介意一个人，比爱你还要勇敢

人先自爱而后人爱之！如果你都不知道爱自己，怎么能让别人爱你，又如何感受生活的激情？

时间会让深的东西越来越深，让浅的东西越来越浅。它不是分水岭，却是一个过滤器。它会让你看明白什么是真，什么是假，什么叫适合，什么叫错过。

相爱的两个人就像是相互取暖的刺猬，抱得越紧扎得越疼。所以看淡一点，就会伤得少一点。其实，这世间没有谁离开谁就不能活，于素心如此，于情爱中所有男女都一样。好的自己，必定值得好的人为你守候。那个人是不是你第一个爱的男人，不重要。重要的是，那个人是不是最后一个，陪你操持柴米油盐的男主人。

汪强不是素心的菜，忘记他是最好的决定。虽然一次失恋并不能让素心的人生得到一次成长，但是，如果她能因这件事获得人生的一次逆袭，怎么看，我都觉得很值。

1

我和素心在清风简的茶楼里偶遇，算起来已经是大学毕业后第三年。那日素心看到我发在朋友圈的消息后，打电话说趁着都在广东，聚一聚。我虽长她一岁，看起来她却比我更显沧桑。见面不到三句就聊到她的感情，听说结局是分手，我惊讶又觉得好似在情理之中。

尽管素心说得轻描淡写，但也难掩皱纹里的失落。在我感觉，感情就像是一剂毒药，沾上了难戒。即便你不想纠缠太久，很可惜，它却喜欢一直缠着你。

“后悔吗？”

“我不是一个死缠烂打的女人。”

说完，不再作声。看着她的眼神，我也不想说教。其实每个人都是独立的个体，这个世界也没有谁离开谁就活不下去，不要高估自己，也不要太低估别人。一句话，你的人生，你得自己负责。闲谈中，我得知她已在海南找了份工作。几年过去了，她始终一个人。身边追求者甚多，但她一直没有选择安定下来。

“并不是没他好，只是不是他。”

我们闲聊的时候，一个身穿淡紫色旗袍的女子微笑着走了过来。

“看到你的微信，刚寻思着你今天会不会来。这不，说曹操，曹操就来了。”走来的是秀英姐，乌镇女子，离异后独自一人在这个拥挤的城市里，挣下了这家茶楼。

“每次都来去匆匆，也不好意思打扰。”我笑着拥她入座，每次来，秀英姐都喜欢亲自给我泡茶。纤纤素手，烧水，洗杯，入茶，润茶，分汤，看得赏心悦目。

“新茶，尝尝。”秀英分茶完毕，示意我们喝茶。

我们畅谈人生，毫无拘束。店里事务繁多，片刻工夫秀英姐便被人叫走。

“秀英姐看起来很幸福，心态好好。”素心呆看着秀英姐的背影，好一会儿。“一看就是大富大贵幸福的人。”

“她是个高干子女，当年大学一毕业就结婚了。老公能干，两个人一起打拼做生意，有了孩子，生意也越做越大。当年的她确实很幸福。”喝了口茶，我轻声说道。

“谁知道后来生意年年亏空。派人暗中调查才知道是自家老公吃里扒外。养了小三，还让她身陷囹圄，背上了一身的债务。子女幼小，丈夫竟也能心安理得地带着新欢，给她留下一纸离婚协议书远赴他国。”

“怎么会这样？看着她不像呀！”素心瞪大了眼睛，跟当初我第一次听说此事时的情形一样。

“面对这样的困境，她也有过轻生的念头，但还是挺过来了。这些年来回的奔波，忙着偿还债务，也忙着照顾老小。我们也觉得老天不公，担心她会倒下，但她还是挺过来了。”

“她恨过吗？”

“你恨过吗？”我瞟了瞟她，她显得很安静。

恨过是很正常的一件事，因为我们都爱过。但我们都需要从悲痛与愤怒中走出来，时间很吝啬，花大把的时间在抱怨与恼恨上，真是可惜了。人生中，一个人幸福与成长，最真实的感觉不是别人可以给予的，而是自己。我们要学会放下，学会取舍。只有学会爱自己，才懂得怎么爱别人。

在离开广东的飞机上，素心给我发来了信息：

“谢谢你，我走了，我要去寻找我自己了。”

2

人先自爱而后人爱之！

如果你都不知道爱自己，怎么能让别人爱你？又如何感受生活的激情？爱自己，就是要通过努力，过上自己想要的生活，争取到自己想要的一切，包括爱情。事实上，只要你努力生活，岁月从不会辜负任何人。

天有不测风云，我们永远都不可能知道在下一秒会发生什么事情。我们总是渴求在陌生的城市里有一个永远属于自己的避难所。在外界压力涌来的时候，我们可以安心地躲在里面，不理烦恼，快乐成长。事实上，这世间没有一个避难所是牢不可摧的；也没有一个人，是可以让我们依靠一辈子的，能给我们安全感的也只有自己。

很多年之后，我们再次相遇，才明白那年她为什么那般失落。素心告诉我，其实汪强也没那么好，或许放不下的只是那段时光。

当初她一直搞不懂，为什么他在抛弃自己之后，依然活得很好，为什么她不能？今天她明白了，她想要的安全感，只有自己能给予。

很庆幸，她终于说出了五年前在清风简我想对她说的话。我们以为会有人陪自己一辈子，我们以为会拥有一份稳定的，可以持续一辈子的工作，我们以为只要努力，只要小心，一切都可以水到渠成，其实这世间根本没有一成不变的东西，而我们也都是俗人，人生的小角色。我们得为自己的人生敲锣打鼓、加油呐喊。而事实上，除了自己，也不会有谁会与你一起并肩作战了。

不介意一个人，比爱一个人还要勇敢。

爱，不是捆缚，是人生的助力，他不能给予你的，通过努力你也能得到，要相信自己，就像电视剧《我的前半生》里的子君，面对俊生的出轨，她焦躁过，但最终想通了。“这样的男人要他来干什么？我还有一双手，我还有将来的岁月。”

正如那日的素心，当汪强提出分手时，素心淡定地说，“好，我答应你，分手。”

那个干脆、利落，连汪强都觉得诧异，昨日那个黏人的大小姐，也能痛快地放开了手。

3

如今的素心是一家公司的咨询师，做得充实但也很辛苦。每次经理将案子扔在她桌子上之后，就什么也不管，啥事不干了，说这叫锻炼。她每天七点半准时出门，礼拜天还得做补工，连请假都要提前预约。

“我将自己卖身给了欣瑞集团，老板要我站着死我不敢坐着亡。”

说到这里她笑了笑。多年之后她才明白，在公司的时候为什么每个合伙人都抢着要自己上他们的项目。她的实力放在那，杠杠的。尽管有时候也会被老板骂，升职也无望，但素心不在乎，不在乎不说明她没有野心。她告诉我，如此努力，只是不想辜负自己。别人可以辜负你，但你自己不能。她还有大把的未来，得好好活着。

有几次，房东阿姨追问她在做什么工作，为什么一天到晚总见不着人影。看着也不像那些不学好的孩子，有好几次还一脸担忧地问她是不是出了什么事，有什么人身危险。素心只是笑笑，简单告诉她一些情况之后，阿姨一脸的不可思议。

“非要去这种鬼地方上班吗？”

素心笑笑，点头。因为喜欢，所以坚持。咨询这一行等级森严，你做的事，你以为的叱咤风云，运筹帷幄，居高临下指点江山，实际上只是别人的棋子。她承认这份工作的辛苦，但她喜欢这份充实，能让她找到存在感。况且，她觉得年轻人多吃点苦也是好事。

其实人生就像一个大马戏班子，生活就像班主一样，拿着皮鞭站在我们背后不停地使劲地抽打，逼我们跳火圈、上刀山，你敢不去吗？皮鞭子响了，卯足劲也就上了。

“我是猩猩！”

“我是大马猴！”

我们都笑了。

阳光下，晶莹的光彩随着细碎的阳光洒落在素心的脸上，那么青春，那么自然。她是倔强的，永不言输，奋斗到老。也只有这样旗鼓相当的努力，才配得起掷地如有金石的青春。

时间在无形之中消磨着人的情感，将好感转化成平淡。他不是你的菜，你就不要在他身上浪费更多的时间。应该用更多的时间去做更有意义的时期，比如，努力，为人生加码。

当决定不再爱一个人的时候，你会发现其实你很勇敢。你完全不需要有这么一个人，陪你走过那一段漫长而又孤独的路程。你的，终归是你的，好的坏的，岁月都会给你答案。

还好，一切都还来得及。

人生路上，怎么可以少了对手

职场本是优胜劣汰，谁都不是永远的主角。但只有努力，才能真正把握自己的命脉，不被来者踩在脚下。

卡法小镇，是乌镇上有名的咖啡厅。左首墙是书架，由紫檀木打造，淡雅的木香中流露着淡淡的古韵，连书签里都散发着薰衣草的味道。右首是落地窗，恬静，自然，极具穿透力。

心情不好的时候，我会在这里要杯咖啡，拿上一本书，打发时间。那段时间我遇到了她，每次她都坐在同一个位置，低首看书，安静如画。时间长了，我们会拼桌看书。但我们很少谈工作，只是依稀听她提起她叫斐菲，小我三岁，跟我妹妹一般大。有时候我会唠叨两句，像个长者。她不爱说话，总是轻轻地唤我姐姐，一脸的笑。

1

赶着秋季尾巴，因为一次竞职失败，我心情一直不好。那日，我站在阳台上拼命地喝着咖啡。父亲是土生土长的山西人，最是看不惯我喝那黑黑的洋玩意。

“天塌下来了？”父亲一脸的不屑。

我傻站在那，没有搭理他。父亲说我对程序员有 geek 情结，而且非常严重。所以才会对得失看得这么重。都说程序员这个职业吃的是青春饭，29 岁的我偏不信，但这次竞职失败无疑是当头一棒。况且，如今的 IT 行业已趋向平常，社会关注热点也逐步转移，我想到了辞职。

我们得承认，平日里我们拼命工作是为了得到一种认可或肯定。当别人无视自己的努力时，一切都将变得毫无意义。但是，或许老辈人说的也不无道理，不要活在别人的目光里，但钱却是实在的东西。俗气，却是赤裸裸的现实。

“不想工作，就看看你自己的口袋，能养活自己吗？”

站在楼梯口，父亲拂袖离开。对着他的背影，我咂巴着嘴巴，有些尴尬。29 岁，再不努力一把，想做啃老族也啃不动了。

遇见深蓝，是我的梦想，却也将我的人生抛在风口浪尖上。它是一家专业从事嵌入式产品和相关软件开发、服务的高新科技企业。我对它垂涎已久，当初为了进入这家企业，可是做了很多前期的功课，最后才幸运地从百人中胜出。可看看现在的自己，根本不能理解当初自己像傻子一样的努力。弃之可惜，食之无味，我曾策马奔腾，畅想着未来，如今却疲倦于这样的生活困境，人生似乎跌到低谷。

好几日没见，斐菲打电话过来询问我是否病了，电话里满是担心。我嘿嘿地笑着，被人想着，这种感觉真好。

远远地，咖啡正弥漫着幽香。我们相约在卡法小镇见面，见着我一身的疲惫，就问开了。

“好累。”

“上帝如此折磨你，是希望你能变得更好。”

“更好？什么是更好？”言语里，难掩颓废。

“书中说，折磨是一种很好的成长机会，也是一次善意的提醒。”站到书架边，斐菲的手指游走在那些醇厚的书香中。

“提醒？”

“提醒你还不够努力。”斐菲笑，笑得有些放肆，“姐，只要你足够努力，一条老咸鱼都能翻身，何况你是这么一个大美女。”

我傻看着眼前的咖啡，但那象征温暖的爱心早已不在。人生就是这般，要么怒放，要么破碎。

这是我最后一次见到斐菲，离开时，她告诉我她要离开这座城市。因为远在甘肃的父亲病了，她得回去。

2

两年后，那张熟悉的脸再次出现。在应聘的人流里，斐菲比几年前黑了许多。后来闲聊中才知道，三个月前她去四川支教，刚回来不久，皮肤还没有好转。

人事部将斐菲安排到我们的办公室，编入我的组，算是我的后辈。因为之前有过交集，所以相处得很是融洽。斐菲本就是专科毕业，这几年学习也没放下，对工作比一般人更得心应手。常言道，生命不休，学习不止。学习是一种积极的人生姿态，在她的身上，我看见了年轻人该有的模样。

程序员是一项技术工种，如果停止了学习，很快就会被不断进步的技术淘汰。在周会上，我提议在部门内部开办一个兴趣学习小组，相互讨论，共同成长。

会上，我推荐了斐菲做组长。大家很意外，但似乎又在情理之中。新概念的层出不穷，你必须不断地与时俱进，追逐新生事物。尽管我还年轻，但我更看好这些浑身有使不完劲的年轻人。况且，谁都无法打破长江后浪推前浪的自然规律。

对于新进的员工，公司通常也会安排一些额外的工作，让他们独自去大街上推广业务，推销自己的产品。从陌生到信任，看似普通又简单的工作，却需要很多的耐力与坚持。

现在的年轻人，大都自尊心极强。但一个人能够放下自尊去做事情，很是不易。在实习期，斐菲竟然独自完成了两项下达的程序任务。编程的防御系统无可挑剔，更是极其不易。

每逢周末，她都陪着我加班，分担我的工作。收集资料，搜索软件。

3

在斐菲的身上，我看到了最初的自己，张扬而又自信。

还有十分钟就下班了，离开前我回到位置，对我的程序做最后一次审查。下个星期一，深蓝将与苏梅科技公司进行最后一次洽谈。我是负责的组长。

可就在这时，我突然发现系统有漏洞，我一边安慰自己，一边快速查找，经过几次排查，发现有一组代码重叠。我不停地敲打着键盘，忽地想起前天斐菲对我的提醒，我并不看好斐菲一直推崇的“最优方法”的解决方案。所以那时我并没有把她的提醒放在心上。

此时，我紧紧地盯着显示器，这是用在金融方面的防御系统，别说是漏洞了，即使是哪个防御系统薄弱一点，都可能造成很大的经济损失。作为软件开发者，我们的目的就是让开发商达到他们的商业目标，如果不能达到，就没有丝毫意义。

为了证明系统的安全性。我将那条疑似有错的代码取出，重新进行测试。结果糟糕得很。

那一刻，我彻底心乱了，站在落地窗前不停地走来走去。还有一个星期就要洽谈了，如果现在修改，时间根本不允许。如果将实情报告上级，结果只有一个，那就是会谈被取消，公司上千万利润打水漂。影响我的升职、加薪倒是小事，关键会给公司带来巨大的信誉损失。

那一夜我彻底未眠！

9月3日，洽谈如期举行。站在投影屏下，我将程序的理念以及应用进行了详实的讲解。远远地看着斐菲坐在不远处，一脸的安静。

底线？脑子里忽然就想到了这两个字。人可以无耻到没有底线吗？一时间我好似看见了母亲的期望，看见了自己一步一步努力成长的艰难。咬着牙，我惭愧地向主席台深深地弯下了腰。

“对不起，我的程序出现了问题……”

我还没抬起头，就听到有人叫道，有人晕倒了！

一时间，耳边传来了慌乱的脚步声，呐喊声，还有汽车的呼啸声。

当我醒来的时候，发现自己正躺在病床上。医生说我劳累过度，加上精神压力重，所以才出现晕倒。身体并没有大碍，不必担心。可我担心的是那份合约。领导只是关切地让我多休息，其他的缓一缓。后来同事告诉我，是斐菲接手了我的这个项目。

那日，洽谈会正常进行。因为在对方公司发飙之前，斐菲站出来平息了风波。不仅当场提出了程序的漏洞问题。并举手保证，给她两天时间一定会给对方公司一个满意的答复。

谁都不傻，部门经理巴不得有人来收拾烂摊子，这不单关系到公司的信誉，说不定个人位置都不保。

三天后回到公司时，这单业务已圆满成功。

临危时接下重担，这让斐菲的形象瞬间在办公室里高大了起来，不久还被定为项目经理的备选人。而她推行的最优方法的可行性，再一次证明了她的实力。看着她一脸的笑容，我有些失落，会怀疑过去种种她对我的好。但也让我看清现实的骨感。人若不与时俱进，只会被后辈拍死在沙滩上，也唯有打破旧格局，才能迎来人生的各种机遇。

教会徒弟，饿死师傅。起初好多同事都好心提醒，对她要心存防备，说不定又要多出一个竞争的对手。显然同事善意的提醒都应验了。可我觉得，如果一个人不能委以重任，那她迟早会离开公司另谋高就。倒不如尽力栽培，为公司效力，公司发达了，员工福利也就有提高的可能性。就算将来她超过了我，也可以做朋友。

4

你当人家是朋友，人家当你是垫脚石。

面对同事善意的提醒，我依然会感谢他们。正是他们的出现，才让我在一次次的磨砺中变得更加坚强。我要感谢这些对手，是他们磨炼了我的意志，激发了人生的潜能。

其实，人生路上并没有真正意义上的朋友与敌人，但拿着鞭子督促你前进的那个人，永远是朋友。真正能让你迅速成长和成熟起来的，正是这些被你看做敌人的对手。有了对手，就会有竞争。是他们让你看到了自己的不足，激发了成长的动力。

职场本就是优胜劣汰，谁都不是永远的主角。但只有努力，才能真正把握自己的命运，不被别人踩在脚下。

我喜欢与这样的对手作战。

第四章

时间终将证明你配得上更好的生活

记得每一段路，
只要还有不甘心，
它就还没有走到尽头。
我们轻轻地呼吸，
浅浅地微笑，
给心中造一个梦，
然后努力去追。
即便平平淡淡、不悲不喜、不惊不扰，
这样也好。

时间会见证每一个人的努力

命运从来不会辜负时光，而时光更不会辜负自己所做的一切努力。

人生的路上，根本就没有所谓正确的选择，我们只是在选择努力，将当初的选择变得正确。来这世界走一遭，多不容易啊。活着不易，好好地活着更是不易。

“除了证明自己优秀，我们别无选择。”

那日在咖啡厅，透过那弥漫的木香，王梓说得一脸安静。但她明白，如果你不能证明自己的优秀，你就毫无价值。

她告诉朋友欣桐，“当你潜入一条黑暗的隧道，发现自己无路可退时，如果没有力量支撑你原路返回，你唯一的选择就是继续前行。因为只有前进才有希望。”

希望，那是生命的姿态！

1

王梓的母亲是音乐老师，基于她对音乐的喜爱，让王梓的童年几乎终日与钢琴等各种乐器为伴。记忆里，她的童年只有音乐，很少单独和同学去过游乐场，甚至从来没有参加过一次夏令营。

高中时，成绩优异的王梓萌生了一个艺术的梦想，她想成为一名主播。而这个想法却遭到了父亲的强烈反对，王梓的父亲是一家刀具企业老总，他希望王梓学习金融管理，将来接手家族企业，也希望王家刀行能在她的手里得以传承与延续。而母亲则希望女儿将来能做一位音乐老师，工作舒坦，女孩子不需要那么多的钩心斗角，活得淡雅就好。

面对父母的压力，王梓并没有放弃主持人的梦想。高三那年，为了追求播音主持之梦，她独自去武汉闯荡学习，之后以优异成绩考取了武汉大学播音系。闯荡，很豪爽的文字，却深藏着一个女孩子的淡定与从容。

大三那年，她在校园和网络上已经算是小有名气。积极参加社团活动，对音乐虽说算不上精通，但每次活动都能小露一手。这个清浅淡雅，诗一般的女孩，深得大家的喜欢。

2013 年，王梓毕业去了湖北广电系统工作，不久，便成了业界出了名的“拼命三郎”。从湖北广电崭露头角，接着在很多播音栏目担任过主持。初出茅庐，懂得少，诸多不适应让她一直被动。无奈，委屈，甚至在面对父母压力的同时有过刹那的绝望，但她学会了坚强，坚持了下来。

曾一度在低迷时期，焦急找不到属于自己的主持风格。便每夜每夜地琢磨节目，一字一字地模仿优秀主持人，向前辈们讨教。一步一步，一点一点，攀附着命运的臂膀，将生命开成了花儿的模样。当受到制片人的赞扬时，王梓流下了激动的泪花。也就在这个时候，父亲也被她的执着所感动，慢慢开始转变自己的态度，开始给予她认可和鼓励。

“人生太短了，我不喜欢将就！”

这就是王梓！

一个不爱吃辣的上海女孩！

来湖北后，王梓迷上了清蒸武昌鱼、鱼丸、鱼年糕。有时在录完节目后，便约朋友一起吃宵夜、逛夜市。她一直努力规划着自己绚丽的未来，希望通过专业的学习深造后，成为一名著名综艺节目主持人。

艰辛坎坷，却又欢畅无比。这就是最真实的人生。

2

都喜欢说时光如梭，而时光的确如一缕云烟般，一眨眼就过去了，抓不着也看不见了。但我一直深信命运从来不会辜负时光，而时光更不会辜负自己所做的一切努力。只要我们一直努力，终有一天，它会以另一种方式回报给我们。

26 岁，花一般而又任性的年纪，想干什么就干什么。可在她最美的时光里，王梓却将生命交给了那些低首的岁月。忙碌而又充实，而生活也回馈了她更多的美好。

同事袁菲菲曾对我说，家长群里好多家长都喜欢上传出门旅游的图片。那些人看起来，一年四季似乎都在度假，看着忙碌的自己，难免羡慕嫉妒恨。

或许别人的实际生活也未必如此，但他们肯定也曾为一次次旅游经费而努力很久。天上不会平白掉馅饼，就是掉了，也不会就这么巧砸到你的头上，你没那么好的运气。

只有努力，才能将一切变得现实，而王梓的成功也不是平白得来的。那是经历多次失败后。

对于父母当初的过分干预，王梓有过不满，更无法理解父母那样严格的教育。但长大之后才懂得，正是这样的经历让她健康成长，看清了自己想要的东西，想要的生活。又让她明白，想要怎样的未来，今天就需要怎样的坚持。

3

看着王梓，让我记起一位年轻画家刘梅。我与她是在一次画展上认识的，那次我陪导师去看一场画展，而刘梅就是画展的主办者，她也是导师的学生，画展中有好多都是她的杰作。

其实，我对画作没有什么高深的研究，感兴趣的却是这位叫刘梅的画家。之前导师对我说了很多有关她的故事，当我见到她时，温文尔雅的气质，尤其让我着迷。她笑着对我说，她还称不上画家，只是一个幸福的搬运工。她喜欢将眼中最真实的生活，用画画的方式呈现给大家。

很多时候，我们总疑惑为什么我们付出了努力，却得不到回报？在她的身上，我得到了所有的答案。

那年，刘梅高考失利。她拿着那张属于自己的成绩单，哭得一塌糊涂。想着自己日夜的苦读，却换来这样的结果，一时间，觉得命运亏欠了自己。

有人对她说，你哭什么呀？不就是个成绩吗？至于这么难过？

也有人说，刘梅，不要担心，这个成绩你已经尽力了。不管是怎样的结果，只要你努力，你都是最优秀的。

面对大家的安慰，伤心的刘梅耷拉着脑袋，啥都不说。

此时，她的班主任，就是我的导师，见到刘梅蹲在地上哭泣的身影，轻轻地走了过来，给了她一个最温暖的拥抱。

“命运从来不会辜负时光，而时光更不会辜负自己所做的一切努力。你要相信时间会见证每一个人的努力，况且，你还年轻，一切都还有机会去改变。”

只是轻轻一句话，却给了她强大的力量。从那以后，那一句“时光不会辜负自己所做的一切努力”，深深地烙印在了她的脑海中。

闲谈中，刘梅告诉我们，从高中到现在，她一直在规划着自己的未来。不管遇到怎样的坎坷，她从未想过放弃她的梦想，就是做一名真正的画家。

“刘梅，如果用上百万元钱来换取你的梦想，你愿意吗？”

导师开玩笑地说着。

“不！”

一个字掺杂着多少勇气！尽管很多人在背后嘲笑她的不知天高地厚，但她不在意这些。

“我就是个死心眼的人。一旦认定了目标，便会不顾一切地朝着目标奔跑。虽然那年高考失利，没能考上理想的院校，但梦想还在。只要还有一口气，我依然可以带着梦想前行。或许会多走一段弯路，可是这又有什么。走更长的路，才能看见更美的风景，这就是生活给我们的最好馈赠。”

此时，夕阳落在玻璃窗前，柔和而又轻软，看着刘梅，我们再次见证了岁月的承诺。

其实命运从不亏欠彼此的努力，即便高考失利，即使没能成为优秀的综艺节目主持人，即便为了理想，我们将生活过得一团糟。但王梓、刘梅、一切和她们一样的人，都从未想要过放弃，因为喜欢，让一切美好事物都有了存在的意义。

生活总会给你答案的，只是你需要拿出耐心来等一等。沉心努力，淡定从容。相信时间会见证每一个人的努力，请让它在绵延的岁月里，为你孕育出最美的自己。

要学会管理自己的时间

时间赋予生命太多意义。我只惋惜一件事，日子太短，过得太快，一个人从来看不出做了什么，只能看出来该做什么。

在我们拥有的一切资源当中，时间是最为宝贵的。无形，却有形于我们的生活中。它可以证实一切，也可以改变一切。

一直以为我们还很年轻，转身竟会看见风尘中，零落飘花，草木枯荣，人在生死边缘的挣扎。恍然间才发现，时间已经奔腾而过。我们还紧抓住一个叫梦想的包袱，在来时的路上瞻望。

时间就是金钱，它能创造无限可能。

当我们在抱怨命运不公的时候，应该想到谢天谢地，我们拥有的时间不比别人少。因此，与其感叹你缺乏别的资源，比如金钱、人脉，还不如好好把你的时间资源加以管理来弥补其他资源的不足，因为时间资源的正确使用可以创造出其他的资源。

这一点，北菲最具发言权。

1

“其实我想要的也不多，只想趁着年轻，过上自己想要的生活。”为了这个目标，北菲一直在折腾，换了几家公司，最终都不了了之。

离开上海前，我们在木马咖啡厅见过面。恰巧是梅雨季节里最郁闷的几天。从清晨到夜晚，雨一直下，像个任性的孩子，片刻消停不得。

要了杯咖啡，我充当了一名听众。

对面的北菲今年 26 岁，待业。年纪轻轻竟然找不到工作，听起来像个笑话，朋友问起她都觉得不好意思说。

前些日子，她给环宇集团投过一份简历，当时这家公司正在招人。面试之前她恶补了很多集团的资料，以及相关专业知识。第一次在招聘中心，大家印象都不错。

一个星期后，策划部经理刘明远约她上午十点在办公室见面，详谈公司的概况，以及工作的交接。在刘明远的眼里，北菲还算是一个有能力的青年。她的英语过了四级，主修计算机专业，而且听说在很多演讲比赛中都得过不同奖项，给人的第一印象也不错。

那日不巧，赶上堵车。北菲到达办公室的时候，时间已经是十点零八分。慌乱的高跟鞋在楼层的大理石上发出清脆的响声，可此时刘明远已经不在，秘书说他去赴一个重要会议了。

“约定好的，怎可反悔？不是浪费别人的时间吗？”拍打着写字楼门前的石狮子，北菲有些失落。回去的路上北菲一直搞不懂，到底是哪一块疏漏了，怎么又一次被拒之门外？

几天后，她再次请求约见刘明远。这次很幸运，终于见到了刘经理。宽大的办公室里，空旷得让人心怯。

“为什么上次不准时来？”

“经理，那天我来了。”北菲激动地说，“是十点零八分到的，秘书小姐知道。”

“十点零八分？”此时，刘明远的声音没有一点温度，“我约你是十点！”

“遇上堵车，所以晚到了八分钟。”

“在那八分钟里，我决定将给你预留的职位给了更需要的人。”

“为什么？”

“是你的不守时，让自己失去了这次宝贵的机会。而且你根本没有权利看轻我这八分钟时间的价值，这就是不尊重我，不尊重我的工作。”

刘明远目光深邃，让人敬畏。

“八分钟，我可以去做很多更重要的事情，包括将这份工作交给更合适的人。”

“我，还有机会吗？”

“人生的路上，机遇无处不在。”

北菲尴尬一笑，点头退出了办公室。踏出办公大楼的时候，她转身看了看身后这座高楼大厦，心情非常复杂。那一刻，她好似才清楚地认识到，在这个世界里生存的挑战。回想着刘昕远的话，她似懂非懂，好似一下子又明白了很多道理。

浪费自己的或别人的时间，都是一种罪过。我们需要遵守承诺，按时到达要去的地方。没有任何理由与借口，刮风下雨都得做到。即便你因为特殊原因而不得不失约，也应该提前打电话通知对方，表示歉意。因为时间对每一个人来说都是最宝贵的财富，而守时就是一种诚信，更是对别人的一种尊敬。

迟到看似一件小事，它却时刻反映着你的生活态度。居里夫人曾说过，我只惋惜一件事，就是日子太短，过得太快，一个人从来看不出做了什么，只能看出来该做什么。倘若给她更多的时间，她会为人类创造出更多的财富。

倘若我们能更好地掌控时间，让它为我们所用，坚信我们也会像居里夫人一样，创造出更多无限可能。

2

迟到了，是态度问题，面试官不可能让其他面试者等你，更不会因为你调整这一轮的面试流程。况且，若是第一次见面，面试官对你根本不了解，而是否遵守时间就是个人行为的第一个印象，很特殊，也很重要。

那日在咖啡馆里，我们说了很多，包括梦想与迷茫。我们互相说着那些青春年少的斗志，感受着生命的气息，激动地发现我们都还活着。只要活着，一切都来得及。

谁不曾有过青春年少，看着北菲我忽地想起五年前的自己。那时律师工作遇到了瓶颈期，而那段时间又被频繁退稿，我感到很累。感觉总是有做不完的事情，可是全力以赴的时候，却又达不到预期的效果。

有一日，我给我的导师打了电话。电话里藏不住的诸多感慨，还发了一些牢骚。电话挂断，感觉意犹未尽，赶着周末，我再次登门拜访。

导师的公寓大门敞开着，我看着眼前乱七八糟的景象，脸上难掩惊讶。站在门口，还没等我开口，导师微笑着和我打招呼。

“南燕，你看我这房间这么乱，请你在门外等候一分钟，我收拾一下。”说着，他轻轻地关上了房门。可不到一分钟的时间，门又被打开，导师一脸的微笑，热情地把我让进客厅。

这时，我的目光惊讶着，刚刚的一片狼藉，变成了此刻的井然有序，一杯清澈见底的菊花茶，在蒸腾的热气中，正弥漫着淡淡幽香。

我的双眼写满了困惑，嘴角难掩的惊讶。正如我那时的人生，太多的问题找不到答案。可下一秒，徜徉在菊花香茶中的灵魂，猛地砸在了墙上。

“南燕，你可以走了。”

“老师，我，”端着花茶的手僵持在半空中，透露着尴尬与失落，“可是，我还没向您请教呢。”

“这些，难道还不够吗？”看着房间的整洁摆设，导师轻言细语，“你进来有一分钟了。”

“一分钟？一分钟！”

我猛地站了起来，“老师，我懂了，一分钟的时间都可以做许多事情，而我们浪费的又何止这一分钟。”

“一切都会好起来，时间会给你最好的答案。”导师开心地拍了拍我的肩膀，一脸微笑。

我们的故事还在继续，只要努力，都将时刻精彩。我们都曾迷茫过，不过生活总会给你答案，而时间就是最好的验证。把握好生命里的每一分钟，你就把握了理想的人生。

有时候我们总被牵绊着，找不到下一站要走的路。带着梦想的包袱傻站在那，等着有人敲开你的头盖骨。其实，只要踏出去，就是人生。

3

这是一个很现实的社会，如果你终日忙碌，却没有收获任何物质或精神层面的东西，那你的行为是毫无意义的。归根结底，你都是在白忙。因为不懂得管理时间和精力，以及更好地规划人生，结果只能是忙忙碌碌，却又一直碌碌无为。

学会管理自己的时间，远离低质量的勤奋，才能成就更棒的你！

事实上，如果你的生活脱离了时间计划表，所有的努力将有可能被全盘否定。时间就是成本。或许此刻你就能明白，北菲为什么会失业。对一个没有时间概念的人，主管是不可能将重要的工作交付给你的。因为你的时间意识太过淡薄。不能合理地管理时间，做不到事半功倍，他是不会将机遇送给你的。

众如集团里，每星期一都有例会，可每次开会都会坐等那么几个人。生产部一把手朱德良每次开会都会说，开会迟到的人，要掏钱请大家吃东西。说得铿锵有力，但依然还是会有人迟到，喜欢迟到。

或许从这件小事，我们就可以看出很多深层次的问题。

一个没有时间观念的人，怎么可能做好产品？高效，不单单是指要保证产品的质量，期限也很重要。它是一种行为语言，透过这些，可以表现出一个公司的能力资质。

很多迟到的人都喜欢说，没时间开会，工作太忙了。事实证明，这样的人也未必是高产高效的人。其实，世界上那些最容易做的事情中，浪费时间是最不费力的。哪一件事不忙，不累？如果不是这样，就不叫人生了。

中华民族历来是非常勤奋的民族，而一代代人都是在“勤能补拙”的文化熏陶中成长起来的，不管你是谁，身在何处，从事什么职业，这种“勤奋能改变一切”的想法与意念，早已深深融入到血液之中。

但你是真的努力了，还是，只是看起来很忙？

你迟到的那几分钟又到底创造了哪些产能与效益？

被你浪费的别人的时间又该怎么算？

4

多年后，当我再次见到北菲的时候，她已经是环宇集团的策划总监。

约好下班后五点半见面的，没有想到，当我五点二十走进咖啡厅的时候，一抬眼竟看见了落地窗前的北菲。熟悉的咖啡，熟悉的音乐，只是眼前的她光彩照人。那一刻，夕阳柔暖地落在落地窗前，远远地，我们谈笑风生，慨叹时间的魅力。

时间的珍贵就在于它给予每一个人的都是同样的一天 24 小时，就好比是生命。若回头，便是浪费了一分钟踏出去的机遇。今天不走，即使明天使劲跑也不一定跟得上，这就是人生的较量。我们需要懂得如何管理时间，让它在我们的手里，千回百转，开出最美的花。

我不需要知道那日离开环宇集团后，北菲经历了怎样的一番求职的长途跋涉。但我能感受到时间教会了她许多，也让她成长了许多。

这一刻，我们正年轻。应学会将有限的时间，投入到无限地自我努力当中去。去做所有你想要做的事情，获得我们想要的任何东西。包括梦想与现实的跨越。

你会发现，原来梦想这么近！

不去坚持一下，又怎么知道等不到那个对的人

走着走着，花就开了。走着走着，那个人就在那了。

那个夏天明明很长，可刚过了八月，伴着呼啸而过的狂风，棉花糖一样的云朵说散就散了，舍不得吃的爆米花再也散发不出那种香甜的奶油味了。甚至来不及让那个人爱上自己，秋天就来了。

那一刻，秋丽的等待在风中摇曳成一朵蒲公英，在青春的上空飞舞，高亢而又无助。她比谁都清楚，有的人就算伤你千百遍，一转身，你还是无法忘怀他的音容笑貌。不管时间过去多久，你都无法忽视他的存在。不近也不远，就在那，咀嚼着你的爱情，那痛吐不出，也咽不下。

秋丽说了，只要高驰他回来，给她一个答案，过去的一切都一笔勾销。

1

站在街头，看着远处老板娘在烟熏火燎的环境中忙碌着。秋丽笑了，当初的爆米花才 3 元一桶，现在都涨到 5 元钱一桶了，可思念的味道依然如初遇时那般浓烈。2008 年的商业街远没有现在的繁华。

秋丽第一次见到高驰是在最繁华的南京路。

那年七月，站在微暖的风里，秋丽闻到了一股爆米花的奶油香味，她孩子气地尖叫起来。她最喜欢老板娘的手艺，所以每个星期天，她都会来买一桶爆米花。她忘乎所以地撞上了一位迎面而来身着蓝色运动衣的男孩子。健硕的身姿，眼睛特别漂亮。不知道是谁多看了谁一眼，双方就这么记住了对方。

男孩子停了下来，无语地看着秋丽。后者从他身边走过时鄙夷地看了他一眼，嘴里用家乡话骂了句："色狼！"男孩愣了几秒，这个人在骂谁呢?

他转身叫住了秋丽。

秋丽刚走到老板娘的推车前，满脸的惊愕，嘀咕着这人怎么会听得懂自己的家乡话。攀谈过后，才知道这男孩叫高驰，与她是老乡，这意外的欣喜冲淡了彼此的尴尬。

那时的秋丽扎着马尾，笑得特别羞涩。

后来，秋丽在老板娘那里做了兼职。每天下午，老板娘都会把手里闪亮亮的小铲子交给她，然后自己去学校接儿子放学。秋丽始终在认真地做着自己的事情，妥帖地招呼每一位顾客。她希望能通过自己的努力，赚钱补贴家用。当然，如果能在穿梭的人流中再次看见那个蓝色的身影。她会突然觉得生活变得特别有意义了。

2

有一次，秋丽正准备离开，高驰小跑着过来了，还是一身蓝色运动服。

嗨，小姑娘，来一包草莓味的爆米花。

她闻到他身上有沐浴露清冽的香气。

此时，有其他排队的顾客不乐意了，直嚷嚷，买个爆米花，还走后门啊?

秋丽淡淡地笑着，不说话，麻利地翻炒着锅里的爆米花。

她是我妹妹，老板娘是我舅妈。高驰说得响亮，惹得旁边的老板娘都忍不住笑出了声，高驰冲秋丽眨了眨眼睛，雪亮的眸子让秋丽在萧瑟的秋日里，有些眩晕。她特地给高驰的那份爆米花多放了一大勺鲜奶，可是，高驰并没有拿到，他的身后伸出了一双大手，一把抢过了秋丽手中的爆米花。两个人一路追打，很快消失在了忙碌的人群里。

看样子两个人是一起玩的朋友，看着蓝色在风中的摇曳，秋丽有些茫然。他们再一次相见会在何时何处呢?因为过完年，她就要准备考研究生了。人生还有更多更大的考验在等待着自己，一次错过又算什么?

辞职那天，老板娘笑着说，没见过哪个男孩子，让你这般惦记呢。

秋丽笑了，仰起头，呼吸着秋日的空气里树木花朵生长的香甜气息。尽管奢望彼此能再次相见，而哈雷彗星的平均公转周期都要 76 年，她知道她不会这么幸运。她轻轻地垂落，轻轻地，就像是潜伏在角落里的一粒尘埃，无力又被动地等待着，等待一阵风吹过，等待那一抹蓝色的火焰照亮她的人生。

还会再见吧，她本能地觉得有这种可能。

这个人陌生到只知道一个名字而已，其他的都是一片空白。甚至不知道他是学生，还是已经工作，是否已经有心仪的对象。秋丽也知道她不会就此停留，期遇那一场不知猴年马月才会实现的相遇，她还有很多路要走，有很多事情等着她去做。但她不否认，一眼万年，这个人她记下了。如果能再次相见，便是这个故事最好的结局。如果不能，她坚信会有另外一个人在下一站路口等着自己。

父亲对秋丽说，女孩子无需多高的学历，只要嫁个好人家，不愁吃穿就行了。再说了，学历高的女孩子反而很难嫁出去，因为高不成低不就。

可秋丽偏不信邪，她一边打工，一边学习，她一直坚信，只有让自己变得更优秀，才会遇见更好的人，值得更好的人生。那个人是不是高驰，相信岁月会给她想要的答案。

3

研究生考试结束后，秋丽回到北京。

北京的人还是这么多，天空也确实不如青岛那么清澈。看着熟悉的街道，街角散发出熟悉的味道，好似以前最讨厌闻的油条味道，现在都特别香。听着北京早上那些欢快的鸽子叫声，被阳光照得有些眩晕。原来，这槐树下，一座座安静的四合院，一群群嘈杂的人群，就是她想念已久的家。

一个星期后，秋丽正式上岗，做一家外资企业的行政助理。

第一天上班，她并没有见到自己的上司，因为上司去广东开洽谈会去了。当上司回来时，她已经在公司待了四天。在人事部任命下达后，她就开始了漫长的了解与学习企业文化、企业规划与远景，以及各项工作明细的过程。

当秋丽笔直地站在上司身后时，可万万没有想到，她的上司竟然是高驰。尽管五年未见，但秋丽一眼就认出了他。她没有说话，她知道在这个高高的写字楼里，要想生存下去，得凭自己的本事。她不想让别人认为她是因为认识经理，才得到这份工作。

显然，高驰早已认出了她。她不说话，任高驰一个人在那说话。接着他递给了秋丽一张照片，是N年前帮老板娘干活的那个秋丽。

秋丽那个时候的表情一定是很惊讶。

“这是我那次偷偷拍的。那年我去青岛度假，离开时，我去找过你，老板娘告诉我，说你去上学了。”高驰拿着照片挥了挥手，“除了那次，就再也没见着你。”

谁都没想到，当初的一桶爆米花，在今天仍能散发出淡淡的奶油味道。女孩子天生就爱幻想，秋丽曾设想了很多种相见的情景。比如在地铁站，或者在吧台，又或者在某个公共场合，事实上，小说里那些让人痛哭流涕的相遇场面，在现实中好像并不是那么一回事。

此时，面对高驰“滔滔不绝”的题外话，秋丽只是点点头，离开了。

在这个宽大的办公室里，她是他的助理。

4

时间过得好快，感觉夏天刚过冬天就来了。九月底东方先锋小剧场里，开设了一个关于经营管理的讲座，讲课时间是周六与周日。高驰给自己报名的时候，也给秋丽报了名。高驰认为任何一个人都要学会自我充电，才能不断进步，而且这样两个人的约会也会变得方便。

有一次下课，秋丽突然对高驰说，“经理，你说咱俩这算不算老板幽会小秘啊？”

“我喜欢你！”看着她那俏皮的笑，高驰情不自禁地脱口而出。

秋丽的脸微微一红，躲开了高驰炙热的眼神，大步走在了前面。或许连高驰都不曾明白，自己到底是什么时候爱上这个喜欢脸红的女孩子的。或许那年在青岛，他便在她那里遗落了自己的心，要不然为什么会把那张照片留这么久？

爱情就是这么奇怪，有些人，哪怕她为你付出一切，你的心也不会稍有微澜。而有的人却是一眼万年，每次出现都会使你欣喜若狂，难以自禁。想来，这就是爱吧。

可就在他们重逢的半年后，因为高驰工作成绩显著，被公司派往澳大利亚，对海外市场进行调研。随行的还有他的助理秋丽，让他意外的是，秋丽以家中母亲需要照顾为由，拒绝了这一次很好的学习机会。

面对高驰的生气质问，秋丽依然那般安静。

“公司让你去，是因为公司看中你的能力，你的潜力。是希望你能为公司谋求更大的海外市场，扩大发展空间。我希望你能全力以赴面对公司的这份厚望。如果是因为我而影响你的工作进度，我会寝食难安的。”

“不会！”高驰有些激动地说，“我是一个有原则的人！”

“会！”秋丽笑笑，“因为我爱你！”

秋阳在金黄的落叶中，变得酥软。高驰与秋丽拥抱告别，看着飞机消失在天边，秋丽知道，她的等待又开始了。不过庆幸的是，上次让她等了五年，这次只有一年，会很快过去的。而且出人意料的是，一年的时间还没有结束，秋丽就凭借自己的能力应聘到了另一家策划公司任经理，跟高驰一个级别。

时光，永远是最动人的琴弦。在冷暖交织的日子里，不用在意更多，便能将一份情，爱到极致。然后在漫长的光阴中，学会等待。尽管她讨厌等待，但涌上心头的却是满满的温暖，是铭记，她觉得这便是值得的。

喜欢那句，走着走着，花就开了。走着，走着，那个人就在那了。即使生活再艰难，也不要轻易地向困难妥协，你要坚信，努力的你定不会被辜负。光阴的脚步，我们或许找不到合适的语言来描绘它，但我们比谁都清楚，是它成全了我们的美好。

日历上那些长长短短的日子，满满的都是爱。有些人，你不坚持一下，又怎么知道等不到那个对的人呢。一如高驰，一如这世间情爱男女。无论曾走过多少高高低低，挫折坎坷，只要我们执着往前走，最后看到的总是最美的风景。

而那个他定在岁月的深处，等着许你一世的繁花似锦。

幸福的你不愿去奋斗，怎么能过上自己想要的生活

我听过我们为什么要努力的最好的答案，是因为我们只有一辈子。

这个世界有些时候是充满恶意的，你真诚他们会说你缺心眼，你谈论文学他们会笑你矫情，你坚持做自己他们骂你自私。不管怎样总有人会跳出来打击你，有些是出于无聊，有些是出于刻薄、促狭的天性。所以，有人的地方就有江湖，你怎么逃都躲不过。

其实，那些你不在乎的人，你大可不要在意他们的看法。彪悍的人生不需要解释，他们嘲笑，只是因为他们害怕那个和他们不一样的你，你的独特。

还好，在最美的年华里，宋茜并没有被这些充满恶意的嘲笑

击倒，而且还活得很漂亮。

在拥挤的人流中，岁月给了她最好的答案。

1

坐在街边的咖啡店里，看着涵涵穿过街道，宋茜笑了。他在对面的小摊上给自己买了一杯饮料。在北京，这样的小摊随处可见，用各种热带水果和冰块、牛奶一起打碎混合而成的饮料，一大杯只需要十块钱，很便宜。

看着熟悉的画面，宋茜觉得生活的幸福大抵就是这般模样。

宋茜是上海人，21 岁那年在广州中山大学读书，并在那里认识了涵涵。涵涵在广州有一家生意极好的室内装饰设计工作室，而且他也是中山大学艺术系客座教授。宋茜选修他的课，每周一课，大三那年，宋茜退学做了他的全职太太。

一年后，宋茜怀孕了，这是一个典型的三口之家，幸福生活的典范。直到有一天，她看见一位身材娇小、面相甜美的女秘书依偎在涵涵的怀里。她愤怒地上前拉扯，下一秒因失足踏空了台阶，摔了下去，失去了孩子，也失去了婚姻。

那天，她疯狂地摔砸着婚房里的家具，以此“庆祝”一切又回到原点。而此时她才发现，这个陌生的城市，对于一个连大学都没毕业的年轻女孩来说，是多么地冷酷，多么地高不可攀。

早闻苗族的传统蜡染和纺织技术一流，上大学时宋茜曾有段时间异常着迷。查阅了资料，宋茜便开始了人生的第一场行走。

第一站，西江千户苗寨，极具浓厚的艺术气质。那里有一家纺织与蜡染的培训中心，教授各地游客学习当地传统的纺织文化。很幸运，她被录用，做了一名授课老师。

小镇坐落在稻田与丘陵的怀抱中，看不到海，但是绘画、音乐以及其他艺术形式却极其发达，不能不说这里是一个能治愈女人心灵伤口的地方。

宋茜的工作是上午十点到下午两点，为游客讲授苗寨传统纺织文化，其余的时间是宋茜的，准确地说是她的学习时间。学习知识，管理经验，交际应酬。她说得没错，人生除了抱怨，应该还有更重要的事情要做；而怨恨只会腐蚀自己青春的锋芒，漫漫长路，她得为自己的人生负责。也只有不断充实，才能在以后的路上跌打滚爬后还能站起来。

她还年轻，还有大把的时间去折腾。常人总喜欢对这百态人生寻出些意义来，或许这就是她这一路走来，想要探寻的意义吧。

2

努力可以拉近现实与理想的距离，可以成就最好的你，当你的人生跌入低谷，是认命还是玩命？认命简单，什么都不用做，人生烂到家；玩命就需要付出代价，但有可能变成人生赢家。

去年，我去上海谈合约，意外遇见了宋茜。此时的她早已一改上学那会的稚嫩，变得干练起来，甚至有些“咄咄逼人”。我们拥抱之后，惊叹世间缘分时，更是慨叹时间的力量，还好它将我们都变成了我们想要的模样。

宋茜的家境不好，我一直都知道。她的母亲瘫痪多年，全凭父亲一人蹬三轮养家。记得读大学那会，她的学习和生活费用完全自理，每个周末，我们窝在宿舍里睡懒觉看韩剧时，她端着盘子在超市门口做促销，风雨无阻；我们嘻嘻哈哈爬山逛街时，她奔波在一栋栋居民楼里发传单，一天爬五千个台阶。

这是我十年后第一次这么近距离地看着她。时光拉回了记忆却拉不回年华，记忆里，那些年她总是很忙碌。

“那么苦的日子都熬过来了，现在这些困难算什么呢？”

听宋茜讲，她当年离婚后本来打算回到上海，希望在家乡找一份工作，照顾父母的同时也可以继续完成学业。只是一切都还没来得及，家里就出事了。父亲超载的三轮车在紧急躲避一辆大货车时，翻到了沟里，父亲当场身亡，还撞伤了一个小女孩。

宋茜回家给父亲办了丧事。为了赔偿别人的损失，她不得不卖了房子，将不能自理的母亲接到了身边。安顿好母亲后，她便开始找一份不用出差的工作。

很难想象一个二十岁出头的姑娘是怎么用她稚嫩的肩膀扛起这一切的。但我似乎能想象得出，短发被风吹得乱七八糟的，她骑着破自行车在人流中急吼吼地行驶的画面。凌乱而艰辛。人生一片潦草。我困惑过，面对如此人生，她是否怨恨过？怨恨这残酷的人生？怨恨教授的抛弃？怨恨生在贫穷的家庭里？甚至怨恨自己怎么还活着？

很欣慰，她没有变成自己曾讨厌的模样。她就如一株木槿花一样，独自生长在世界的角落，不张扬，却是暗藏芬芳。

“母亲为了不连累我，有天晚上她竟然吃了一大把安眠药。”说到这里，宋茜有些泣不成声，“当时我就想，我好好的一个人，有手有脚有脑子，难道还养不活我妈？”

第二天，她花200块钱买了一套有生以来最贵的衣服，又理了个发，开始玩命找工作。高薪，不出差。只要能挣钱，不违背道义，再苦再累她都会去干。至于公司规模、工作强度、发展空间，她统统都不在乎。对一个挣扎在温饱边缘的人来说，理想、未来、自我都是太飘渺的东西，而她的当务之急是活下去。

不久她在一家服装设计工作室找到了一份工作，而且她对苗族服饰的情有独钟，让她在几次新季度策划案中表现得都很突出。苗族服饰亮丽而又不失淳朴，而苗绣更是给服饰增添了新的韵味，宋茜爱服装设计，希望在服装设计、管理营销方面得到提高，为自己的创业打好基础。

虽然只是一家5个人的小公司，但她每天仍特别忙碌。记忆里，每月发工资的日子是她最开心的日子，这样就可以带着妈妈去吃一顿好吃的了。

“看到别的女生活得都跟神仙一样，可她们还总抱怨工作累，领导差劲，加班太晚。都说很郁闷，要崩溃了。”宋茜笑笑，“我就想说，这是事儿吗，要换成我这样，她们还活不活了？”

“不觉得苦吗？”

“苦啊，苦死了。但我根本没心思抱怨，没时间崩溃。我得先保证我和我妈妈的温饱，不用担心吃完这顿不知道下一顿在哪。我不想做沙漠中的鸵鸟，其实我也不是意志特别强大的人，但我要为妈妈的幸福负责，得为自己的人生负责。”

或许我们都应该去感谢生活，感谢它的好与坏，因为它们最终都将会让你变得越来越好。

一年后，宋茜终于缓过气来，还清了债务，和妈妈搬出了平房。她自己也跳槽到另一家大点的公司，一边努力工作，一边悉心学习。五年后成立了自己的公司，一步一步，现在每年已经有上百万的利润，有房有车。有专门的保姆照顾妈妈，但每个星期天她都会用轮椅推着妈妈出门晒太阳。

“没有想到，咬咬牙竟然一个人走了这么长的路。”

3

2017年，作为某品牌公司华南地区的代表，为发展集团业务。我独自一个人去广东，做前期的市场调研。

走访了很多地方，也得到了一些数据。离开前，我开始约见个人觉得意向不错的几家工作室。没有想到，第一个约见的木木工作室负责人竟然是宋茜。我很意外，后来才知道，此时的宋茜已经在广东，还有珠海都成立了自己的服装工作室，面向的是女性群体。

和她见面那天，从远远的地方看到宋茜朝我走过来，穿着优雅小西装，妆容精致，样子跟当年判若两人，我费好大劲才把眼前的她和记忆里的那个姑娘联系在一起。

我笑了！

“白领女性都崇尚自由快乐平等，追逐时尚，气质前卫，做事目的直接，有自己的思想和见解。”

“较高的经济收入和独特的审美品位，让她们对服装有了更高要求。除了要求做工精细、款式新颖别致、与众不同的职业套装，搭配民族风格的刺绣，将更受她们的青睐。因此，开设专门制作白领女性着装项目，量身定制的特色经营，很有市场前景。”

那天我们聊了很多，同学情之外，宋茜向我讲述了她对服饰理念以及改革的大胆设想。量身定做，这种独一无二的特色经营，会吸引大批的消费群体，有很大的发展潜力。

我听过我们为什么要努力的最好的答案，就是因为我们只有一辈子。人生只有一次，时光不会重来，时间也不会倒逝．也许我们努力着、尝试着去进步，是为了证明自己存在的意义．证明自己的灵魂还没有完全枯萎，证明自己还活着，证明自己可以变得更好。

谢谢时间，它给了我们最好的答案。

我喜欢你，只能到这里了

从相爱到怨恨，从熟悉的人，渐渐变得陌生，这就是距离。

任何一种环境或一个人，初次见面就预感到离别的隐痛时，你必定是爱上了他。爱，多么温暖的字眼，只可惜我们却喜欢用离别诉说那一份情伤。

成全别人，委屈自己，时间久了，人家会把你当成傻子。但请你记住，我不傻，这世间没有几个傻子，大都是聪明人。

陌陌的这句话，我多年后想起，依然会觉得震撼。

人总要学着长大，真的没有谁离开谁就活不下去。不要太高估自己的力量，因为当你选择离开时，就会发现这个世界即使没有你，太阳照常升起。也不要太低估自己，很多事会让人痛苦，但是等过阵子回头看看，会发现其实那都不算事，而你完全可以做得更好。

对于爱情，请学会放下。拽得越紧，痛苦的往往是我们自己。取舍间，必有得失。但那些走不过跨不过的，只是因为我们比别人更懂记忆与怀念。成长与感恩。

1

那一日，陌陌的微博动态更新了。

这一刻，我的世界里没有了太阳，总是黑夜，但很快有一样东西代替了太阳，那就是生命的信仰。这份光虽然没有太阳那般明亮，但凭借着这份光，我定能将黑夜过成白天，将疼痛走出天堂的模样。

离离合合，当注定要失去明亮的时候，陌陌才发现，爱一个人好难，但爱自己更难。陌陌之于明亮而言，放手才是成全彼此的最好姿态。

回望过去，还能轻轻地说一声谢谢，这样，很好。

八年前，陌陌还是一个苏州院校的学生。阳光，奔放，课少的时候，她特别喜欢一个人坐在图书馆里安静地看看书。任由阳光慵懒地洒落，有些给了她，有些给了书桌与书架。沙沙地翻阅，轻轻地摘录，勾画。偶尔去学校外做兼职，帮一些小孩子补课。家里不需要她这么辛苦，但她总觉得日常的闲适中少了些什么。大学时代，她也加入了一些大学生创业团体，为生活增添了一抹亮色。

一直觉得这应该就是人生最美的时光了。她一直天真地以为，只要自己足够努力，幸福就这么路过青春，日子细水长流，一切都刚刚好。

2012 年，父亲出差途中遭遇了一场车祸，肋骨几乎全被撞断了。尽管对方负主要责任，可父亲再也站不起来了。第二年，父亲吃了大量的安眠药自杀了。

大二那年，母亲再也无力独自供陌陌继续读书，刚满十九岁，陌陌不得不背上行囊含泪挥别母亲，跟随着村里的年轻人来到了上海。揣着一张高中文凭，成了千千万万电子厂流水线女工中的一员，开始了她的打工生活。

离别时，好友素素忍着眼泪安慰她。“不怕，我们不怕，我们很坚强，一切都可以应付得来。”

陌陌嘴里说着“我不哭，我会争气，我会站起来”这句话的时候，连自己都觉得好笑。人都是这般虚伪，其实她心里恨透了这个世界，恨那个肇事司机，恨这段不堪的时光。可心里纵使有千百万个不甘心，也只能忍着泪咬紧牙独自来过。

母亲年迈多病，而且在父亲治病时，还欠了亲戚一些钱，打工挣钱是她唯一的选择。没有文凭没有技术，在那个大城市里，能够活下来都是一种奇迹。

年轻，是人生最好的资本。很多女孩子都选择在休息日去酒吧唱歌跳舞，有的去逛街，看电影。而这个时候，陌陌多数是一个人在宿舍捧着英语书，听着磁带，背着英语单词。

生存在社会的最底层，却有着远大的梦想。这种另类成了宿舍里的笑话。但是，每次面对舍友的冷嘲热讽，陌陌反而出奇的安静，她并不介意别人的眼光，坚持做着自己想做的事情。可事实上，她很介意别人的不屑，她也渴望朋友的支持，可现实太残酷，你介意了也没用，你必须学会坚强，才能一个人独自走过很长的一段路。

每次素素给她电话，她总是自言自语地说，学习总不会是错的。

上海是充满诱惑的城市，而堕落是一件特别容易的事情。很多女孩子都选择了安稳的生活。陌陌有过迷惘，甚至颓废。但一想起独自在乡下的母亲，想到贫困的家庭，想到肩上的责任，想起自己对母亲许下让她过上好日子的诺言，所有的困难都被迎刃而解，所有的努力都有了存在的理由。

三年女工生活，陌陌省吃俭用帮母亲还清了家里的债务，手头稍有积蓄，对这个城市也渐渐熟悉。她准备去读夜校，圆了自己上大学的梦想。她坚信，眼前的困难只是暂时的，所有美好都会蜂拥而至。

时间会给你最好的答案。

2

明亮是陌陌第一个喜欢的人，也是她在补习班的同学。也许在那一刻，她就已然陷入了彼此间的感情漩涡，再也没有走出来过。或许她已经意识到，这漩涡必将是一辈子的牵挂与折磨，越陷越深。即使那时早已知道，他们的故事已经结束。

因为工作的努力，陌陌被调离了流水线成了带班的。她有了更多的空余时间去学习。她准备参加自学考试英语，她喜欢英语专业。而明亮也是补课的，他是一家小公司的职员。

这个人跟他的名字一样，明亮而又透彻。遇见的那一刻，陌陌感觉整个世界都变亮了。因为有着差不多的经历，让陌陌很快喜欢上了他，她不清楚他和别人有什么样不同，只觉得他学习的时候很认真，做事的时候也很积极。

也是从那一刻开始，她发现自己就像一个疯子，为爱低贱到尘埃里，所以心甘情愿地被他欺负，心甘情愿地为他付出一切。沉溺于感情的世界太久了，以至于当明亮喜欢上别人的时候，她都毫无察觉。

5 月，素素来上海工作。那天，两个人猛然在大街上遇见了明亮和一个女孩子正亲热地走在一起。明亮解释，说那个女孩是自己的妹妹。不知道为什么陌陌竟然就信了。离开时，还让明亮早点回她宿舍吃晚饭。

随行的素素一脸狐疑，而陌陌却笑着劝素素不要担心。说自己了解明亮，他不是那样的人。素素劝她，凡事多小心，多留意。陌陌还佯装生气，说素素在嫉妒她。

不久后，陌陌考上了苏州院校。本是 8 月 25 日才到校报到，可陌陌却告诉明亮说自己8月23日就得走，因为到那里会有很多东西要整理。对于爱情，很多人都会患得患失，包括陌陌。她不想让明亮看着自己离开而难过，或许她也曾对明亮有过猜疑。这个人对自己太好了，好到没有原则。但是这段路程太孤单了，不想一个人走，她想找个人说说话，她希望那个人是明亮。

于是她去了明亮的办公室。然后她看到了令人震惊的一幕……

那晚的风很小，以至于骑了很久的自行车，陌陌眼角的泪都没有被吹干。那晚陌陌在素素的宿舍里待了一晚上。素素劝陌陌不要多想，况且她的人生才刚刚开始，好的故事不应该停留在这里。

“办公室里那对小情侣分明就是明亮和那日在街上碰到的女孩，他们在那亲吻……我怎么不知道他们是那种关系呢。”说到最后，陌陌有些泣不成声。

“以你这样的性格，早知也无用。”

素素的一句话给了陌陌当头一棒，此时她才发现为了这份爱情，她投入了太多时间和精力。不值得。但喜欢一个人是自己的事情，让明亮成为素素口中的渣男，不是明亮的错。因为真正的爱情，是谁离开了都依然能过得很好。

或许她还不够努力，才配不上这个人的爱。既然这个人注定跟自己不同路，那就该说再见。

很抱歉，我喜欢你，但只能到这里了，因为我没有更多的时间浪费在你的身上。

3

“很感谢这场遇见。如果没有明亮，我不会变成今天自己想要的模样。”

从相爱到怨恨，从熟悉的人，渐渐变得陌生，这就是距离。但这份距离，给了陌陌一段美好回忆。多年后记起，她仍然一脸的坦然。谁都不是谁的唯一，也只有自己才能给自己许诺幸福的未来。

毕业后，陌陌回到上海，在旅游团找了一份得体的工作，过上了朝九晚五的小资生活。

生活是公平的，付出总是会有收获。现在她已能用英语跟外国游客愉快地交流了，在公司她迅速由销售店员升为店长。许多客人都成了她的朋友，保持着联系，也常给她介绍一些新的客人，个人业绩也蹭蹭地往上翻。

上个月被公司任命为华东地区的代表，陌陌的美好人生已经开始，但她从未放弃过学习。她还是每天坚持看书，写些文字，每个星期去图书馆做义工。

当真正融入这个城市里，陌陌才发现，这个世界没有他，她依然可以活得很好。对于生活，她不需要渴求任何人的资助，她能养活自己。对于爱情，她不需要任何人的施舍，通过自己的努力，她完全可以迎来一份势均力敌的爱情。

她不怕，也不寂寞。

第五章

不能改变这个世界
但是可以改变自己

长得平凡，

那是天生的，

但如果我拒绝变得美好，

那就是我的罪过了。

只要努力，

谁都可以成就最美的自己。

你需要对自己狠点，你的改变才有成效

所谓的对自己狠，就是要坚持成长进步，哪怕摔得头破血流也要一点点地将自己变好。

生活中，没有背景，没遇到贵人，没有高学历，这些都不碍事。关键是你要有勇气对自己下狠手，事业、生活都是如此。只要你学会了对自己狠，百毒不侵，从此就再也没人可以伤害到你，再也没有事情可以困扰你。

你如果不对自己狠，将来世界就会对你更狠。所以，对自己狠一点，相信你会离成功更近一点。我见过很多的成功者都是经历过一番艰难困苦的人，唯有经历过绝境，你才能练就跋山涉水如履平地的本领。事实上，你不努力改变，让自己内心变得强大、无所畏惧，你就不可能适应这多变的社会。

我们为什么不能对自己“狠”？

为什么没有一颗一定要成功的心？

……

第十一届大学生《励志青春》主题的演讲比赛，题目是“让将来的你，感谢现在不曾放弃的自己”。演讲中，青铜说的每一句话，都说到了同学们的心坎上。他结合自己的故事给讲台下的学子们上了一堂生动的课。他要让他们懂得，人不仅要丽质，更要励志。

远远地，掌声不断响起。

看着那些熟悉而又陌生的面孔，青铜笑了，他好似在人头攒动的人群中看见了六年前的自己，那个茫然而又不知所措的自己。还好，彼此都没有放弃。

1

青铜曾是西宁二小的一名英语老师，当教师生涯走过了三个年头之后，看着眼前熟悉的课本渐渐变得陌生，他发觉这不是自己想要的人生。他觉得自己错失了很多美好的东西，他搞不懂，到底是什么原因让自己变成了今天这个模样。

当脑袋闪过这个念头的时候，他慌了。

后来他想通了，他认为是当初就业时一个错误的选择，才导致了今天这种迷茫的境遇。青铜告诉朋友，说如果他选择的是在大都市从事一份极富挑战性的工作，那么自己绝对不是今天这般模样，不会不珍惜时间，不会没有奋斗的欲望，也不会像如今一样狭隘。

很可惜，我们都无法回到过去。

教师是一份比较稳定的工作，周一至周五，在孩子们的嬉笑吵闹中辛苦工作。周末他在冷清的院子里待着，每一周都经历着静与闹的两种极致。刚开始他觉得这样的生活挺好，挺悠闲。可时间久了，青铜感觉自己把日子过得索然无味，看不到一丝的改变。

每次回家，看着父母忙碌的身影，更觉得愧疚，当初他们省吃俭用供自己上了大学，可现在他竟然失去了生活的目标。当他意识到这一点的时候，觉得自己特别悲哀。这不应该是生活的全部。他还年轻，他的那些梦想到底都去了哪里？

有日回家，正赶着家里收割庄稼，青铜劝父亲少种些地，年岁大了，又多病。父亲汗津津的脸上挂着笑容说，等他结婚了，父母就退休了。

他远远地看着，父亲在烈日下割稻子，忍受着弯腰的痛苦和各种飞虫的骚扰，一手持镰刀，一手握着稻子根部，一棵一棵地飞速地割下去。看着水田里一片片泛白的景象，一点点蔓延到他那浮躁的心里。

2

为什么要努力？

最好的答案就是因为我们只有一辈子可以过。也许所有为什么要努力的答案都没有这一点来得犀利与尖锐。时间不会倒流，那些你所有的错过都已经无法回头。其实你比谁都清楚，很多事情现在不做，以后真的没有精力和时间去做了。

我们总习惯拖延，习惯告诉自己时间还很长。可当你说这话的时候，时间就已经溜走。一天 12 个小时，一年 365 天，对谁都很公平。我们需要对自己狠点，时间挤一点，向前走快点，在你还能拼得起的年纪里，努力达到自己想要的，这样后面的路才会更好走。

父亲弯腰割稻时的情景，青铜一直无法忘记。他想挣很多钱，让父母退休。而如果想挣更多的钱，就必须要换工作。他觉教师这份职业不适合自己，他想去外面更广阔的地方闯一闯。

远方才有他想要看的风景，他想要过的人生。

有一次，青铜在地铁站遇见了自己多年不见的同学明远。

“过得咋样？”

“考雅思，想辞职出国来着。”

“出国？为什么？”

同学很诧异，虽说青铜的工作不是最好的，但还算是比较稳定的工作。怎么说不干就不干了？

“总体是不错，可很多人都喜欢面前一套，背后一套，互相排挤，又互相吹捧。”说到这，青铜说得有些无奈，“或许我并不擅长做一名老师。”

“你这是在逃避！”听到他这样的结论，同学非常激动，“出国就没有应酬了吗？就没有那些复杂的人际关系了吗？只要有人的地方，就有江湖。”

“可我从来都学不会阳奉阴违，我不擅长，我……”

“不是你不擅长，是你选择了不擅长。”

很多人如青铜一样，喜欢给自己贴上各种标签，比如不擅长人际关系，不擅长文学，不擅长音乐，不擅长写励志文……总之，我就是不擅长，我就是要重新选择，去走自己该走的路。可地上就这么几条路，你觉得自己该走哪一条路？你又到底适合哪一条？

成长是痛苦的，面对问题只有迎难而上，才能让所有问题得到迎刃而解。也只有这条路是行得通的。

离开时，明远告诉青铜，“你要对自己狠点，不逼一逼自己，你根本无法想象自己有多强大。”

逼一逼！一句话敲开了青铜的头颅！

其实，我们每天就好像砍伐一棵参天大树，起初的几下根本不会有任何成效。每一刀都看似微不足道，但是，你若能持续下去，对自己更狠一点，一点一点积累力量，一步一步向前，大树也最终会被砍断。

3

成长是痛苦的，但别人代替不了你成长。

于青铜而言，人生若有意外，英语该是最大的一桩。想着当初自己的迷茫与彷徨，他根本不会想到，他真的会坚持下去。更不可能想到，今天的他靠英文养家糊口，干出了一番大事业。

在过去的六年里，他共翻译了四本书，还写了不少英文作品。很多人喜欢称呼他为翻译家，可他认为只有傅雷那样的人，才配得上翻译家的称号。所以不论出书，还是在报纸杂志上发稿，个人简介一栏中，青铜总喜欢用“译者”二字来介绍自己，他觉得自己需要去学习去努力的地方，真的很多。

当上海正将“疯狂英语”集训营开办得如火如荼的时候，青铜的心里有了更好的想法。经济的发展，运河的古文化资产的开放，城市的崛起，宝应汇集了国内外的大量客商。能说一口流利的英语，实在是宝应人最大的向往。

想到这，他立马来了精神，他也想在宝应创办一个“疯狂英语”那样的培训机构。当大家得知这个消息的时候，什么表情都有。有人觉得他够折腾，疯了。放弃国家的铁饭碗，非要去办个什么培训班。但是更多人对此比较感兴趣，看着他们渴求的目光，他终于决定开办一家商务英语培训基地，让更多人学会英语，懂英语。

两个月后，培训基地正式开张，他自费整理印刷了学习资料，录制了跟读磁带。为鼓励更多的人学习英语，他每天都会在宝应大桥上散发免费学英语的传单。从十几个人，到几十人，再到上百人。目前，青铜的商务英语基地已有两百多名注册学员。

让每一位学习者感触最深的是，跟青铜学英语，不仅仅是学习英语知识，更多的是学会了他身上那种无所畏惧，获取了战胜自卑的力量与勇气，成为了最棒的自己。

最棒的！这是我们人生最好的姿态。

4

现在，走在县城的大街小巷，经常会有人不时地用英语和青铜打招呼，大家还是喜欢称呼他为老师。他在谈生意的过程中也经常会被请教英语的电话打断，可他一点不介意，他喜欢好学的人。

2016年，不甘寂寞的青铜又有了新的“野心”。他对我说，十年内，他准备建立一家全国一流的“国际商人”培训基地。

梦，很美，人生的路，还很长。

你若盛开，蝴蝶自来。我们相信，努力只会让你变得更好。

经历过最大的风雨，才能见到最美的彩虹

世界本没有绝境，除非你自己绝望了。她很自信，也很倔强。

南京城是个什么样子，现在让海安说起来，怕是很难说清楚了。六岁那年，她随父亲去过一次。时间久了，好多细节都记不起了。

拥挤，就是这个城市留给她的全部记忆。拥挤的汽车、马路、景点、厕所，甚至连走路的心情都是拥挤的。夫子庙那高大的门庭下，穿梭过大片的人群。慌乱而又急促，她看不清人的脸，只是一片黑。她也看不懂那些人内心的欲望，那种蜂拥而至的脚步，将那份欲望抬高到了夫子庙的门庭上，摇摇欲坠，却亮得刺眼。

多年过去，她不知道自己为什么如此执着地想要去这座城市。

好像隐约有一双无形的手紧抓着自己，随着拥挤的人流，走向那份城市的喧嚣。

很多年过去，海安才明白，那是梦的臂膀。

1

那天，天空灰蒙，夹杂着令人心烦的细雨。穿过嘈杂的人群，海安回过头看着家的方向，心情复杂得与这世界一般。母亲那双浸湿的双眼，远远的，就在那，不远也不近。

父亲为她的决定很是生气，她是家里的独苗，跑那么远干啥。即便高考失利了，也没什么，人总有个活法。可是她最后还是毅然踏上了去南京的汽车。她想去一个人去闯闯，带着她的那份倔强与梦想。

对于那个陌生的城市来说，她太过渺小。现实的陌生与未来的渺茫，让她的内心有过惶恐与不安。可她一直坚信，如果你改变不了一片沙漠，那你就变成一株仙人掌好了。人只要活着，就有希望。

不久，海安在一份杂志上看见一家公司招聘。当她急切地站到这家动漫公司的门口时，显得有些局促。看到上面聘画手，她便来了，带着飞蛾扑火的坚定。她不太懂动漫，她就爱画画。那一刻，手中的画稿被汗浸湿，有些松软，可她双眼里那份坚持依然那般勇敢。

可是她对动漫，对 3D 动漫的创意，以及动漫市场的远景、发展都没有比较鲜明的想法，又怎能画出最好的、最能适应市场需求的画稿呢？最终招聘公司拒绝了海安。

站在拥挤的街道上，肚子叫得厉害，海安咧嘴笑了笑。这里有太多的人忙着呼吸，忙着生存。而她只是一只蚂蚁，在拥挤的夹缝里寻求一丝的甘露。在口袋里只剩下二十块钱的时，海安开始拼命地找工作，在一家印刷厂找了份工作，装订书稿。

看着印刷车间送来的书稿和画稿，她总是奢望，有一天她也能在上面看见自己的画，哪怕只占那么一小角。至少也能证明她的梦想还活着。

赶着休息日，她依旧会去参加各种面试。她想画画，想用画画证明自己的能力，证实自己的梦想。

2

当她收到第一笔稿费的时候，她傻愣着，竟说不出一句话来。有种酸涩的液体在心脏与喉咙间游走，也好似在此刻她才明白，这就是当初自己为什么会如此倔强地要待在这里的理由。那高高的门庭上，也有一株自己盛开的木槿花。

在这二十平方米的房间里，靠着微薄的收入支撑着自己那可怜的梦想。她想过父亲的话，可她就是不想放弃。

四个月后，印刷厂因经营不善而关闭，她再次沦为无业游民。有好几天都是靠吃泡面度日，可即便梦想这个包袱再重，太过遥远，她都不想放弃，人生才刚刚开始，她想搏一把。

一个月后，在破旧的招待所里，海安又寻得了一份洗碗的工作。冬天水槽里的水冷得发憷。而且因为长时间的浸泡，双手都生了冻疮，红肿得厉害。有时甚至连画笔都无法紧握。

阴暗的宿舍里，海安窝在冰冷的木板床上。她哭过，但哭过之后，便是沉默。她想家，想着母亲温柔的目光，父亲憨实的背影。

有一晚她哭着疯跑出去，因为一个相处得还不错的同事，为了升职，故意将自己犯的错全扣在了她的身上。她想解释，但没人听。后来才知道那个同事是经理的远房表妹。

看到那些可恶的嘴脸，海安真的有种想要抽过去的冲动，可想想自己在这个城市里，只是一个小角色而已，不是过客，却也找不到停留的理由。那时感觉自己就像个疯子，漫无目的地疯跑。哭累了，在回宿舍的路上，她亲眼看见一个女的从桥上跳下去，一会就围过好多人来，警察也来了，乱糟糟的一片。

当时海安就傻站在那，想着那个女人肯定死了吧。这是她长这么大第一次看见有人跳河，就在眼前发生的。可海安发觉自己一点也不可怜她，不管多难，都得活着。这样匆匆结束自己的生命，不仅对不起父母，更对不起自己。因为有些事情，咬咬牙就过去了。

在征途中，人的欲望就像是一道道门槛，过去了就是门，过不去就是槛。尽管人生的每一种坎坷都会让我们痛彻心扉，痛得哭，但也会让我们瞬间长大。长大则意味着懂得如何生存，才能将生存过成生活，长成自己想要的模样。

3

不是你没有努力，只是你还不够努力。生活是现实的，不会因你脆弱就多眷顾你。海安曾一度觉得，在南京不可能有她的梦。她太过渺小，如一只任何人都可以践踏的蚂蚁。但上帝总是这样，给你希望时又让你失望。给你关上一扇门的时候，又给你打开了一扇窗。

萧亮是那家招待所的管家，每天负责蔬菜的买进卖出。他觉得海安为人老实，做事也踏实，便让她在后厨里负责进货。海安的脑袋瓜灵活，算账更是精准，这让她的工资有了明显的提高。

努力就有收获！这让海安第一次感觉到这个城市的温暖。有了资金，她开始学习了，报名去参加美术培训班。她只是一个艺校生，学习的路还很长。

身边的同事都说，在南京城里，能有一份像她这样的工作已经不易。再说现在出门，大学生一大把，你一个中专生有啥竞争力?

2003 年，海安毅然辞去了招待所的工作，去一家传媒工作室谋了一份差事。小公司，不管饭，待遇还不及招待所，但这里有梦想可寻。让人意外是，因工作突出，她竟从美术指导转正做了公司的策划。她知道，当你无路可走的时候，你就必须勇敢地飞。一条路走不通，再试试另一条路，总有一条路能带着你走向成功。

世界本没有绝境，除非你自己绝望了。这是她的座右铭。

4

她曾单纯地以为，只要努力，人生便不会亏待自己。可事实是，这个社会比你想象的美好，可为了这份美好，你需要付出的代价超出你的想象。

赶着国庆节，公司接到一单国庆活动演出的策划案。老板说了，优胜劣汰，谁胜出就交给谁。海安为此还立下了军令状，如果这次不成功，就卷铺盖走人。

为了争取到这份策划案，海安做了大量的前期工作。每天都加班到很晚，实地测试，设计图稿。她希望利用这次机会，能好好地证明自己。再苦再累，都不算什么，她觉得这是人活着的最好姿态。在交稿的前一晚，坐在办公室里。看着桌子上厚厚的稿纸，想着这一个月来，自己的忙碌，她的心忽地酸痛起来。简单的策划，是与命运的较量，更是对青春的一场宣战。

可意外的是，第二天，海安准备提交的文件不翼而飞。看着办公室里冷漠的人群，楼上楼下，她疯狂地寻找，但自始至终她都不曾流一滴眼泪。

为此，她延误了策划案的工作进程。

离开前，海安安静地将辞职信放在了老板的桌子上，微笑着离开。

在走出公司大门时，她将手上的垃圾投进公司门口的垃圾桶里，突然，她在垃圾桶里发现了自己的策划案，一张张纸被撕得破碎。

看着头顶清澈的天空，泪顺着脸颊流了下来。用努力告慰一段梦想纷飞的青春，她不后悔。只是这场战争太过残酷。坐在公司门口的台阶上，她一张张地整理，并用夹子夹好。离开的时候，她将这份破旧的稿件留在了台阶上。

回到阴冷的地下室，海安默默地收拾好行李，准备再次踏上征途。站在门口，回望自己在这间出租屋里的一切，双眼湿润。可就在时候，包里的手机响了起来。海安拿出来一看，是策划部总监。

“我是夏总监。你去哪了？关于你的策划案，细节上，我们需要再次确认。开会！马上！”

见电话里海安没有声音，夏总监的音量瞬间提高。“开会！立刻！马上！”

“哦？”海安依然有些摸不着头脑。

“十分钟后必须见到人！”啪！电话被挂断！

5

在这个世界上有两样东西的力量是最不可测的，一样叫认真，一样叫执着。认真的人可以改变自己，执着的人可以改变命运。

我早已不记得这句话是出自哪里，但是我依然记得海安说完这句话后，那份张扬的笑容，让我相信，努力的你，值得拥有更好的生活。

穿过办公室偌大的落地窗，我好似看见了海安在地下室那一幕幕忙碌的身影，如昨日一般。我笑了，其实上帝对每一个人都是公平的。你努力生活，生活也会以同等的方式来回馈你，你看，海安的幸福就这么来了。

好好努力吧，说不定，下一个就是你。

永不言败，不断地去挑战自己

只要不放弃和绝望，远处，定有最好的风景永远在等着你。

“渴求自我的富裕，而不是碌碌无为的像个乞丐！”

坐在街角的咖啡屋里，听着陈奕迅的老歌，时光仿佛停了下来。我喜欢口感丰富的曼特宁，它有着令人愉悦的酸味。可在听到柳岩的这些豪言壮语时，好似口中的咖啡也苦了许多，像坚硬的炭末杠在那里。

“其实我们可以活得圆滑些，只要结局够好。”

“人生也不过是短短几十年，总得给自己一个交代。”

柳岩说得深沉，我看着窗外，此时远处阳光正好。

1

大三那年，整天奔波在上海的各条大街小巷，我想在暑假找份工作，挣点学费。母亲身体不好，一个家靠父亲一个人支撑，困难了些。我就是在那段艰苦的时光里，认识了柳岩，后来才知道我们都是一个学校的。她比我大两岁，我喜欢称她为岩姐。

我们第一次说上话，是源于一次吵架。

我兼职的那家小工厂，没那么多道理可讲，小头目就能一手遮天。他们常欺负我们是学生，给我们加工作，也不加工资，料想我们也不敢吱声。再说，我们这些打暑期工的人，大多干一个月，最多两个月就离开了。

有苦只能往肚子里吞，我就怕万一闹僵，连工资都拿不到。但柳岩却不这样认为，在一个夏天的午后，她忍无可忍，顶着臭汗一路小跑到了总经理办公室，理论了一番。结果出乎意料，很快总经理“接见”了生产部的部门经理，后来我们的日子好过了许多。

真看不出她内心那股勇气是从哪里冒出来的。我当时就想，这姑娘是吃熊心豹子胆了吧，真有骨气，有个性。

在拿到第一个月工资的时候，我们去了上海最大的影城万达，各抱着桶爆米花，眼泪鼻涕混到一块傻看了一晚上。我们还约定，等以后有钱了，一定要去看陈奕迅、王杰的音乐会，要去祭奠我们逝去的青春。

我答应她，等我们一毕业就去。

后来听说了很多关于她的故事，在同学的眼里，她是个很努力的姑娘，而努力的人看起来总是这么漂亮。大二那年，她兼职小天鹅舞蹈室的店长，没有工资，纯属白干活。

为了这份不拿工资的工作，2012 年，利用暑假，她特地去了北京一家舞蹈基地，进行了两个月的魔鬼训练。我记得她去培训的钱，都是打工时省吃俭用攒下来的。

大学里，她选了计算机专业，是计算机编程工作者，属工程技术系列。选修课舞蹈学。

“一个女孩子家家，学编程，将来口袋没挣满，脸上的皱纹就爬满了。”

基于我对程序员这个行业的了解，我是从没看好过这份职业。但柳岩告诉我，她不在乎别人的看法，她选择了就会努力。她希望能在空余时间做一些自己喜欢的事情，去舞蹈室跳舞，去画室画画。跟着自己的心走，努力将脚下的步伐开成花的模样，开出一片片属于她的青春好年华。

她向来不言输，心中绷着一股子倔劲。

她的选择没有错，她的努力也没有错，这是我后来给她下的结论。人生的精彩在于行走，我相信总有最美的风景在最远处等着她。

2

2014 年毕业，她踏上了实习面试的不归路。奔波了一个多月没有任何结果，工作没有着落，但她也不气恼，继续奔波在各大街小巷，学习也没有落下。

快开学的时候，她告诉我，说9月份她将随老师去青海支教，我的下巴险些掉下来。当时为这一决定，柳岩的父亲简直气疯了，直嚷嚷着要与她断绝父女关系。可倔强的柳岩却没有放弃，她一直觉得自己生在那个还算富裕的家庭，让她的性情过于浮躁。她需要沉下心去锻炼锻炼，这也算是人生的一种历练。

大学刚毕业，算是初出茅庐，稚嫩得很。一个数学老师，毫无社会阅历，在这个风起云涌的社会浪潮中，就这么挣扎与匍匐前进着。

教学第一年，学校推出新的改革措施，规定每位老师的工资待遇与班级成绩挂钩。柳岩刚出校门，没有教育经验，有的只是年轻人的激情与勇敢。没有想到这竟然成为她跟孩子们良好沟通的桥梁，孩子们学习很认真，将成绩一直保持在年级前三。

虽然成绩让她风光不少，但也得罪了人。有位年长的张老师为此心理失衡，经常利用各种关系散布她的是非。她就这么毫无设防地沦陷于别人的口水战中。柳岩年轻，对于这样的阵势无计可施，也不敢找人诉苦，只能整天地泡在图书馆，与书为伴。

因为积极工作，荣誉纷沓而来。张老师的嘴巴又闲不住了，说柳岩是靠着人际关系才这么走运。面对这些对她工作能力的质疑与侮辱，柳岩无处申诉。每次给我打电话，从不抱怨，只是偶尔地露几句。因为她知道，我和她的父亲一样，为她的选择而担心。

“选择努力，用事实说话，才更具有说服力。”

柳岩告诉我，自那以后，不论何时何地，哪怕只有一个人在听，她都会认真地去讲课。渐渐地，孩子们喜欢不必说，重要的是那些流言不攻自破。这个世界从来都不是善良的，只是努力的人的付出总会被人看在眼里罢了。

3

支教一年结束，柳岩回到了上海。再次选择了程序员的人生之旅。

“一个女孩子啥不能做，偏做这。起得比鸡早，累得像狗，一个月下来，口袋比白纸还干净。”

对柳岩跳脱的人生，柳伯伯非常的生气。他认为，既然选择了做老师，那么就继续坚持做下去，青海支教这一段经历，将会给她的求职加分的。

柳伯伯说，柳岩对程序员这份职业有 geek 情结，而且非常严重，要不然怎么会转了一大圈，又回去了呢。可事实上，如今的 IT 行业已趋向平常，社会关注热点也逐步转移，一个女孩子将这份职业定位为终身职业，我也觉得前景不是很乐观。

“条条大路通罗马，只要能到罗马，管你怎么走。人不能认死理。”她一直坚信，只要努力，到哪都能养活自己。如果奔波的征途中，能顺带培养些梦想，那是最好的结果。

“再坚持一下，总有意想不到的收获。”看着她一脸的认真，我微笑着点头。

“坚持会成功的决心，勇往直前。就算最后毫无所获，其实也是一种历练。”

听到柳岩的这句话，我莫名地兴奋着。因为上帝总喜欢眷顾努力的人，这点我们谁都不否认。

深蓝是一家专业从事软件开发及应用的高新科技企业。为了进入这家企业，她做了很多前期的准备工作，尽管竞争对手有几百号人，她也没有放弃。

因为喜欢，所以坚持。

她经常拿出笔和纸，在白板上去练习如何写代码。每次，当这些代码在输入电脑之后，跟原先设想的一样，她都会兴奋好久。

柳岩觉得，任何一件事情，只要懂得学习，不断地挑战自己，未来都将会无法估量。而且，程序员的前景也并非如大家所说的那么惨淡，她做过调查，做程序员有两条进阶路线。一条是技术路线，从普通的程序员到最终的架构设计师；而另一条就是领导路线，通过努力，可以从程序员做到开发小组负责人、工程负责人，到最终的项目经理。

尽管这条路极具挑战，但她不怕输，而且她相信岁月不会辜负自己。

4

柳岩的想法其实很纯粹，想着毕业就可以挣钱，然后创业。

而所有漂泊的人，之所以努力也都如她一样，希望有一天能够不再漂泊，找到属于自己的人生归宿。

可是，梦想怎会如此容易实现？而且梦和想，不只是做梦和想想而已。我们需要努力，需要坚持，大踏步地走在人生的路上。历经征途上的种种，才能赏尽世间的万千美景。

我们再次遇见已是两年后。

面前的柳岩笑得很欢快，她告诉我，她很喜欢父亲说的一句话。“认定一件事情后的坚持，这就是你能给自己的最好礼物。”尽管做程序员真的很辛苦，但她从未想过放弃。

远远地，夕阳在我们身上倾洒，温柔涟漪。总觉得，生活特喜欢给我们太多的困苦，让我们次次疲惫与绝望。可谁不是一路走着，一路哭着，向远方奔去？

走，是生命的姿态，而哭则是一种成长。

换种姿态来看待，你会发现，最好的风景永远都在等你。即便身处绝望，你的周围还是会有最美的风景。而我们相信，绝壁上的花朵定比那些寻常花草妖娆许多，而那最美的一朵是属于你的。

勇敢表现自己，抓住成功的机遇

当别人成功后，他们又开始了后悔与抱怨。悔不当初。“假如再给我一次机会”“假如时光能倒流”，为什么是假如，为什么不是现在?

二十二岁的海琼，是一个地地道道的陕西妹子。毕业后在西郊有着一份不错的工作——营养师。美中不足的是，到了婚嫁年龄，她却在为成家之事所烦恼。不出众的外貌，以及略有些汉子的性格让她的桃花迟迟未开。

而且也说不出为什么，这几年，工作上由于性别和单位性质的限制。虽然她已经十分刻苦，但仍然是一名普通职员。

好友海青劝她出国或者换份工作去大城市走走，但是，她迟迟无法下定决心，一方面现在的工作是高薪外企，一方面惧怕出国的复杂流程和大城市的激烈竞争。

就这么纠结了好多年，一晃今年二十八岁。为了生存，她每天都游走在各条大街小巷，社交圈子的狭隘是不容忽视的，但是她长相平凡、心思粗放，然后就成了剩女。

她很困惑，这么多年的努力工作，没有功劳，也有苦劳，凭什么上天对自己这么不待见？

1

三年前，海琼总是不停地对朋友苏青抱怨，说她的上司，如何喜欢说假话，如何思维飘忽不定，拜高踩低。面对漫长而又烦琐的抱怨，苏青送了一句话给她：

你若觉得自己比他强，那你就去超越他、领导他。

那一刻，海琼暗淡无光的眼睛里，闪出一串小火苗。然而，火苗很快就熄灭了。“女人太有野心挺让人烦的。”她讪讪地说。

苏青自然了解海琼的顾虑。虽然她一直以独立女性自居，却总在开会的时候最后一个发言，担心自己说错话，担心出风头。

试想，这个世界真的很奇怪，很多人一方面主张男女平等，另一方面却喜欢诋毁有野心的女人。好像野心是男人天生的，却是女人抢来的。为了富足的明天，女人有野心怎么了？不可以？每一个人都想过上自己想要的生活，努力，坚持，来点野心，又何尝不可？我们渴望成功，远比我们惧怕遭人非议更强烈。我们要学会勇敢地表现自己，才能抓住成功的机遇。

面对朋友的劝说，海琼并不为所动。看着她一脸的淡定，苏青笑了，淡定中还掺杂着淡淡的失望。

其实，苏青以前就向她提议，让她出去闯闯。即便未来渺茫不可知，也要坚信总有一条路适合自己，能通往精彩的明天。可是她怕，她不敢。在那个风起云涌的时代，能够拥有一份可以养活自己的工作，是非常不易的。

“我还没准备好。”

“机会总是留给那些有准备的人。可事实上，又有多少人在机会来临之前做足了准备？”

海琼不看苏青的眼，她知道“放弃”意味着什么。

意味着一切归零，一切从头开始。可事实上，机会从不等人，总是转瞬即逝，在面对突如其来的机会时，即便那些事先已经准备充足的人，他们也会产生一些迟疑不决，我真的这么幸运吗？

等醒来时，机会也跑了。

更多的人是担心失败，他们总是幼稚地认为，现在的生活状况还行吧，还能保证温饱，偶尔来些小酒，听两三段爱听的曲子。时不时还能到处逛逛。这样挺好的。所以他们总能找出很多理由去说服自己。不去冒险，不能冒险，日子久了，也不敢冒险了。

可人总是这么贱，当别人成功后，他们又开始了后悔与抱怨。悔不当初。“假如再给我一次机会”“假如时光能倒流”，为什么是假如，为什么不是现在？

此时的海琼犹豫了。

2

我的导师曾说过，一个人天生就具备冒险精神，只是随着年龄的增长，生活经历的增多，锐气被磨灭了，天生的冒险精神也慢慢被埋没。

那日海琼下班回家，父亲正在花园里修剪花枝。见到她的愁容，父亲决定以一个过来人的身份与她来一次长谈。他告诉海琼，一个人要勇敢地表现自己，抓住成功的机遇。哪怕这一次选择失败了，但是你也会从中得到历练。那是成长的经验。

相信自己，你是最棒的。

很多年过去了，父亲的话依然在耳侧。

做任何一件事都有失败的风险，你不跨出去，又怎能欣赏到那些最深处的风景。你还年轻，年轻是犯错误的资本，多试几次，有什么好怕的？学会勇敢地表现自己，学会化险为夷，这才是最棒的你。

细想想，如果一件事蕴含着风险，不正是说明做这件事有技术含量？这时，如果你鼓起勇气将其承担，往往可以激发出你更多的潜能去完成这件具备大风险的任务。所以说，很多时候，冒险的人总是能抓住机会，并且成功。你要勇敢地表现自己，才能向成功迈进一大步。

那一晚，海琼彻夜未眠。她想了好多，也忽然之间豁然开朗了，人生太过不易，不努力地折腾几下，真的对不起这个炙热的青春呢！

她忽地想起小时候的一件事情，那年她九岁，一家人正吃晚饭。

“妈妈，我们班明天要选团员。先自己推荐，然后投票选举。只有10个名额。我不想报了，报了也选不上，一个班那么多人。”海琼有些闷闷不乐地说。

“报啊，干嘛不报？”母亲端着碗，看着女儿一脸的支持。

“报！不管怎样，对于你来说都是一次很好的机会，你报了，就有被选中的机会。但是如果你不报，你就一点机会都没有了。”

海琼点点头，很意外，第二天在选举中，10个人中，她竟然被选上了。

“以后你一定要记住，机会是靠自己争取的，勇敢点。”

对于母亲的话，那时的海琼似懂非懂。直到今天，她才明白，一个人如果懂得抓住机会，那么他成功的机会就比别人多。

你工作再努力，表现再突出，可如果你不懂得抓住机会去展示自己，你将来也很难取得成功。就是说，你会做，也要会说，会表现。相反，也许一个什么都不如你的人，但他懂得抓住机会，勇敢地表现自己，说不定人家就成功了。

3

29 岁，尴尬的年龄。

那一年，她的高学历和单身身份让她在小城市备受侧目。于是海琼狠下心来，跳槽去了北京。

新媒体公司给了她一个职位，还提供了一个有院子的宿舍，工资也比以前高好多。她计划着攒些钱，再加上以前的积蓄就可以在北京给自己付个首付买套房子。只要工作努力，那些对她来说应该并不算有难度。

刚换工作，部门安排的加班比较多。她根本没有很多时间去认识新朋友，但是随处可见的书店，公司边上的健身房，类型多样的各种活动，让她的生活开始变得精彩起来。她开始关注时尚和新事物。她忽然发现这个世界远比她想象的更美，更好。

剩女怎么了？剩女也可以活得精彩。她的光彩开始让人瞩目，她不再觉得孤单，也不再像以前那样，觉得自己是异类。多年积攒的工作经验，让她在新公司如鱼得水，她开始收获以前很少得到的肯定。

父亲说得没错，只要努力，总有收获。瞧瞧，幸福就这么来了！

那一天，海琼代表公司去茂昌谈业务，接待自己的是对方公司的策划总监。双方洽谈非常顺利，而且总监见她做事认真待人诚恳，还要了她的电话号码。她本来觉得对方只是出于礼貌才索取的联系方式，没想到，刚过几天，对方竟然开始约她吃饭。

渐渐地，他们的交往变得频繁起来，压抑了多年的心情慢慢好了起来。

“如果三年前我们能遇到多好。”

“你自己优秀，才能遇见更优秀的人。”

因为生活从不会辜负任何一个努力的人。

她似乎一夜之间，成了世间最幸福的人。尽管那么多好时光再也回不来了，但是，她坚信，勇敢地表现自己，未来肯定五彩缤纷。

时光绵延，你努力，它便回馈你美好。而犹豫不决的态度只能让你错失机会，最后只能像一个旁观者，眼巴巴地看着别人所取得的成就，心里还有满满的后悔。

其实人生也很简单，有梦，就勇敢去追，以一种勇敢的态度去面对生活、把握机会，便能获得成功。事实上，也只有勇敢表现自己，才能证明你没有放弃这次机会。

很多人会认为，我很勇敢，但为什么我没有成功？而我只想告诉你，一切都是因为你的努力还不够，咸鱼都能翻身，为什么你不能呢？

尽力了，你就不会遗憾，不会后悔。人生许你的美好和一世繁华，定在下一站等着你。

不早也不晚，刚刚好。

面对困境，依然沉得住气

沉得住气，考验着一个人的生活态度，也考验着一个人的生活能力，更考验着一个人的生活智慧。

1

刚出校门，二十几岁，正是秋丽大好时光的日子。大学毕业后她和朋友明华同时进了瑞阳电子公司，做前台服务，工资每月1500元。

当她将这个消息告诉父亲时，父亲并不太赞成这份工作，因为工作时间太长，也没什么发展前景。可秋丽认为，刚进入社会，没有经验，能找到一份能养活自己的工作已属不易。基层条件差，但能学到东西。沉下心好好干，只要做出成绩来，升职加薪那是迟早的事。

可明华却是一脸的抱怨，她一直抱怨公司待遇实在太差。可又找不到更好的工作，眼下只能忍着。她告诉秋丽，只要有好的单位，她就立马跳槽。秋丽不阻止，也不反对，因为任何人都有自己的人生规划，有追逐幸福生活的权利。

这份工作，虽然两人都觉得工资有些低，但这并未影响到她们的工作积极性。工作中，两个人你追我赶，恪尽职守，谁都不想输给谁。她们的努力，公司领导都看在眼里，一年之后，公司就将她们作为培养的对象，给予了较多关注，并在其间调了三次薪，她们的工资也涨到了 2500 元。

明华却不是个安分的人，她依然不满足，总感觉整个世界都跟她有仇似的。可秋丽却是一脸的乐天派，她的想法跟明华完全不一样。

“慢慢来，只要努力，坚持，一切都会好起来。”她一直相信，自始至终都相信，岁月绝不会辜负任何一个努力的人。

有一天，秋丽和明华出门逛街，正好看到一家公司在招聘业务员，月薪 3000，年底还有红利。明华一下子就心动了，高兴地对秋丽说：“秋丽，咱们跳槽吧，反正待在公司也不会有什么发展，不如趁早离开。”

看着路上来往如梭的人群，秋丽却一句话都说不出。她渴望高薪，渴望积攒一笔钱去创业，渴望能找到一份自己喜欢而又适合自己的工作，可她知道，人生中这些困苦，是为了成就更好的自己。

看着明华，她忽然记起上学那会儿，好多同学都认为，她的人生那么顺利与幸运，都源于她有一副天生难自弃的美丽面孔。她笑着告诉明华，其实她不仅漂亮，还很聪明。

在大家都在拼命备考的时候，秋丽已经在空闲时间看心理学、人际关系和时尚方面的书籍。她很用心，每次都会将她觉得好的理论记录下来。这是高中快节奏生活的一种调节，也是为将来进入职场做的准备。

进入大学，大家都顾着玩的时候，秋丽却加入了校广播台和学生会。一开始，整日为广播台写着烦琐无趣的播音稿，在学生会也基本就是干些跑腿、打杂的事情。很多人劝她，长得这么漂亮，应该去参加学校的一些社团活动，能挣钱。可秋丽还是坚持了下来，并且做出了成绩。她告诉明华，一个人需要沉下心来去学习。获得知识与经验。这样才能使所有的努力，有了存在的价值。

“跳槽吧！”见秋丽没有说话，明华又催了一遍。

“一切好不容易才迈上正轨，要是就这么放弃了，之前的努力不都白费了吗？”

面对秋丽的“懦弱”，明华甩给她一个鄙夷的目光。之后一个人离开了公司。而秋丽却为了这份执着，一待就是多年。

2

两个好朋友的再次相遇，已是两年之后。在汇丰大厦，远远地看见秋丽，明华高兴地迎了过去。

“丽丽，这些日子过得咋样，还在那家公司上班吗？”说着，她上下打量着秋丽，干练的服装，看起来混得不错。

“还在那呢，你呢？”

“我又找了一家新的公司，月薪5000，还解决住房。”因为彼此是朋友，明华希望自己能给秋丽找一家合适的公司。“要不你过来跟我干吧，别老在一棵树上吊死。”

“老板对我挺不错的，我不能无缘无故地辞职，那样太不厚道了。”

“你傻啊，再好的老板也是商人，你只是他挣钱的工具，”见秋丽这么说，明华笑得有些讽刺。“人不为己，天诛地灭。”

回去后，秋丽显得有些闷闷不乐。父亲问她怎么了？她只是笑笑，没有多说什么。

后来想想，人往高处走，这是天经地义的事情。但她很清楚，以自己目前的能力与经验，根本无法支撑她那庞大的梦想。她想独自创业，经验没有，资金没有，人脉没有，资源也没有。尽管做事不可能等到万事俱备，但也不能盲目跟风。做人要有底线，做事要有底气，一个人需要沉得住气，沉下心来懂得自己需要什么，想要什么样的生活，然后才能为之奋斗，为之赋予激情。

秋丽知道如果她现在辞职，就意味着放弃之前所有的努力。不仅辜负了领导对自己的信任，也失去了继续在基层锻炼的机会。人生在世，都要有一口气在，不管是志气、勇气、才气甚至傲气。总之，要沉得住气。

沉得住气是生存的一种姿态，它是一种胆识，一种成熟的标志。其实，人生就像是在大海中行驶的小船，在狂风巨浪中需要沉得住气，才能扬帆远航，笑傲江湖。如果沉不住气，害怕茫茫无际的大海，你将无法享受到生存的快乐，更会有被颠覆的危险。为了梦想，我们其实有很多种从容别致的活法，只是我们太过计较。

那一夜，她想了很久。

3

明华与秋丽的又一次见面是在八年后的一次同学聚会上。

在这八年里，明华总是这山望着那山高，不断地跳槽，不停地追求高薪，但始终没有找到一份让她满意的工作。

可秋丽与明华截然相反，她在瑞阳公司一干就是八年。她默默地坚守着自己的岗位，努力地奋斗着，最终从一名普通职员升到了公司总经理。她中间也想过放弃，但是她没有放弃，她不甘心放弃。

其实人生是一场万里长跑，要有长远的目标和坚持不懈的韧劲。你坚持下去了，别人不能，那你就是胜利者。显然，秋丽能成为胜利者，不是没有原因的。

4

在那八年里，秋丽通过自身的努力与坚持，不仅磨砺了自己的意志，还建立了广泛的人脉，在掌握了公司的各项流程和运转模式的同时，还获得了丰富的管理经验，更重要的是，她有了创业的第一笔资金。

不久，秋丽向公司递交了辞呈，开始了新的人生征程。

生活，它考验着一个人的生活态度，也考验着一个人的生活能力，更考验着一个人的生活智慧。面对困境，逃避不是解决问题的最好方法，只有沉得住气，时刻努力，才能在最深的绝望中看到那最美的风景，才能真正不愧对自己的人生。

那几年，秋丽沉住了气，选择了坚持，做了别人做不到的事，所以她成功了。

谁都有脾气，但要学会收敛，你不是主宰命运的神，没人会无条件地接受你的情绪。谁都有梦想，在困境中沉得住气，在拼搏中奋斗，在忍耐中坚持，相信时间会给你最好的答案。